KB135142

문화공간으로서의 해양

이 저서는 2018년 정부(교육부)의 재원으로 한국연구재단 대학인문역량강화사업(CORE) 의 지원을 받아 수행된 저서임.

문화공간으로서의 해양

부경대학교
인문역량강화사업단 기획

한국학술정보

머리말

문화공간으로서의 바다를 이해하기 위해

부경대학교는 2016년부터 대학인문역량강화사업에 선정되어 여러 가지 사업을 기획하여 왔으며, 특히 그 주제가 '해양인문학'이라 바다와 연관된 다양한 학문적 가능성을 탐구해왔다. 바다는 인류 문화의 커다란 벽이었고, 또 한편으로는 길이었다. 땅에 안주하는 사람들에게 바다는 벽이자 위험이었다. 땅의 현실은 바다 넘어 보이지 않는 곳, 그리고 모르는 사람들을 두려워하게끔 만들었다. 하지만 인간의 역사에서는 현실의 벽을 넘어 바다를 길이자 기회로 만들어 온 무수한 용기 있는 사람들의 이야기가 전해져온다. 이것은 바다를 상대로 문화를 교환해 온 인간의 역사를 말하며, 꿈과 희망을 안고 바다 너머 미지의 세계를 찾아 나서 열정적으로 낯선 사람들에게 다가간 역사를 말한다. '문화공간으로서의 해양'이라는 의미는 바로 이러한 도전과 교류의 역사를 말하며, 오늘날까지도 바다는 아직까지도 우리에게 여러 가지 의미를 시사해주고 있다. 우리는 바다 건너 찾아온 난민과 이주민, 냉전의 벽을 넘어서는 남과 북, 문명적 차별의 역사를 바다 속에서 찾아볼 수 있다. 이렇듯 문화공간으로서의 바다를 이해하기 위해, 부경대학교 코어사업단이 한국문화인류학회와 함께 학술대회를 개최하였다는 것은 큰 의미를 가진다고 볼 수 있다.

이 책에 실린 네 편의 논문은 2018년 11월 2일부터 3일까지 개최된 '2018년 해양인문학 공동학술대회'(부경대학교 개최)에서 발표된 논문으로서, 인간이 자신들의 문화공간을 바다로 확장시키기 위해 노력한 사례들을 인류학적 관점에서 분석한 중요한 연구들이다. 아직까지 한국에서 문화공간으로서의 바다를 탐구하기 위한 전문적 영역이 부족한 측면을 고려한다면, 이 책에 실린 논문들은 향후 연구의 확장성을 위해서도 상당히 중요한 영향력을 미칠 수 있다. 책의 발간에 즈음하여, 다시 한번 해양인문학 공동학술대회에 참여한 저자분들에게 감사의 인사를 전하며, 이러한 실험적 기획이 향후에도 지속적으로 진행될 수 있기를 바란다.

2019년 1월

부경대학교 대학인문역량강화사업단장

정해조

목 차

제1장

한국의 물때 체계:
그것의 구분법과 지역적 변이
그리고 실학자들의 이른
기술을 중심으로

※ 이 글은 많은 분들의 도움과 가르침으로 이루어졌다. 특히 전화 면접에 응해 주신 여러 제보자 분들과 이병근, 김구, 최명옥, 이경식, 허성도, 김정대, 유근배, 이현희, 구만옥, 김대현 제 교수께 감사의 인사를 올리고자 한다. 그러나 이 글의 잘못되거나 부족한 부분은 당연히 필자 개인의 책임일 것이다.

한국의 물때 체계:
그것의 구분법과 지역적 변이 그리고 실학자들의 이른 기술을 중심으로*

왕 한 석 (서울대학교 인류학과 명예교수)

1. 들어가는 말: '조석'과 '물때'

현대 과학적 지식에 따르면, 조석(潮汐, tide)이란 "달과 태양 그리고 지구의 운동에 의해 [일어나는] 특정 지점에서의 주기적인 해면 변동"을 가리킨다(Garrison(이상룡 외) 2013: 316). 위의 정의가 비전문가에게는 너무 압축적이므로, 조금 더 쉽게 기술하면, 그것은 대체로 다음과 같은 현상이다. 즉,

> "해변에서 조수의 간만을 살펴보면 거의 하루에 두 번의 **만조**(**고조**)와 **간조**(**저조**)가 나타나며, 그 만조와 간조의 시각은 매일 약 50분씩 늦어지며 그 만조와 간조의 높이의 차 즉, **조차**는 매일 다른데 특히 신월(삭)과 만월(망)경에 커져 **사리**(**대조**)가 되고, 상현과 하현경에는 작아져 **조금**(**소조**)이 됨을 알 수 있다. 그리고 하루의 두 만조와 두 간조의 높이도 약간의 차가 있으며(**일조부등**이라 함) 또 계절적으로도 조차는 약간 다르게 나타나고 있다. 이 조수의 간만 즉 **조석**은 달과 태양의 만유인력에 의

---

* 본고는 2018년 11월 제60차 한국문화인류학회(부경대학교 개최)에서 발표되었고, 이후 『한국문화인류학』제51집 3호 (2018년 11월, pp 9-63)에 실린 논문을 편집상 일부 수정한 것이다.

한 해수면의 주기적인 승강운동을 말한다."(굵은 글씨는 원저의 것임) (이석우 2004: 220)

여기에 한 가지만 덧붙이자면, "조석은 해안선을 기준으로 내륙과 바다 쪽으로 움직이는 것처럼 보이지만, 실제로는 움직이지 않는다. 대신 달과 태양의 관계에서 지구가 자전을 하기 때문에 조석이 오르내리는 것처럼 보"이는 것이다(Christopherson(윤순옥 외) 2012: 515).[2)]

위와 같은 해면의 변동, 즉 좀 더 쉽게 말하여, '바닷물의 주기적인 변화'를 중국 및 한국에서는 오래전부터 '조석(潮汐)'이라는 말로 통칭해 왔다(구만옥 2001 참조). 그리하여 영어의 'tide'에 해당하는 우리말 학술용어로는 당연히 '조석'이 선택 사용된다(해양학 영역에서는 이석우 1992: 177-240, 2004: 219-258; Garrison(이상룡 외) 2013: 314-333 등과, 지리학 영역에서는 권혁재 2005: 307-312, 2003: 104-106; Christopherson(윤순옥 외) 2012: 514-517 등).

그러나 조석은 문어(文語) 내지는 학술용어로는 널리 쓰이지만, 구어(口語)로는 그리 잘 쓰이지 않는다. 대신 조석에 근접하는, 어촌에서 일상적으로 사용하는, 가장 일반적인 구어 표현은 '물때'인데, 그것의 조어적 의미('물+때' 즉 조시(潮時))와는 별도로, '바닷물의 주기적 변화'를 통칭하는 표현에 가장 가까운 것으로 보인다.

따라서 이 글에서는 '물때'가 '조석'에 대응하는 가장 포괄적인 표현인 것으로 보고, (조석과 함께) '바닷물의 주기적인 변화'를 가리키는 표제어로 사용하기로 하겠다.

다음으로 한국의 해안, 특히 서해안 및 남해안에서 일어나는 조석

---

2) 한 가지만 더 첨언하자면, 조석과 '조류(tidal current)'의 관계이다. 이른바 '조류'란 "조석에 의한 해면의 상승과 하강에 수반된 해수의 흐름"을 가리킨다((Garrison(이상룡 외) 2013: 326). 다시 말해 조류는 조석파에 수반되는 현상이다.

현상을 어민들은 흔히 두 범주로 나누어 설명하는데, 하나는 하루 중의 바닷물의 변화이고, 다른 하나는 한 달 중의 바닷물의 변화, 즉 한 달에 두 번 반복되는 보름 주기로 매일 바뀌는 바닷물의 변화이다. 두 변화는 물론 조석이라는 자연현상의 상호 관련되는 (현상적으로) 다른 부분이겠지만, 한국의 어촌 사회에서는 특히 후자에 대한 민간 지식(folk knowledge)이 정교하게 발달해 있다. 달리 말하면 이 보름 주기로 매일 바뀌는 바닷물의 변화에 대한 민간 지식이, 어민들이 발달시켜 온 '물때 체계'의 중심 부분을 이룬다. 이 글에서 정리하려는 한국의 물때 체계도 바로 이 부분의 물때에 대한 것이다.

필자는 어촌에 대한 현지조사를 늦게서야 시작하게 되었고, 또 이 물때에 대한 접근도 처음에는 단순한 어휘의 분화 및 발달(lexical elaboration)이라는 일반적 시각에서였다. 그러나 이 물때에 대한 어민들의 토착 지식체계를 조금씩 찾아가면서 나름의 이해 폭을 넓혀 왔는데, 이제는 완벽하지는 않겠지만 일정 정도의 일반화를 하는 것이 가능한 단계로 보인다. 물론 그것은 지금까지의 여러 관련 연구자들의 힘들인 연구 성과에 바탕하여서 일 것이다.

이 글에서 중점적으로 기술하고자 하는 것은 크게 세 가지이다. 하나는 물때라는 명칭체계(terminological system)의 특징적 구조에 대한 개요이고, 또 하나는 그것의 중요한 지역적 변이 즉 '서해안 모델'과 '남해안 모델'로 부를 수 있는 두 변이형 간의 중요한 차이점과 그 두 모델의 지리적 분기점에 대해 기술하는 것이고, 마지막 하나는 조선 후기 실학자들의 이 물때에 대한 이른 기술을 현재의 시각에서 검토해 보는 것이다.

2. 물때의 명칭체계

해방 이후 물때에 대한 첫 학술 보고는 이숭녕(이숭녕 등 1957)에 의해 이루어진 것으로 보인다. 여기서는 흑산도와 (전북) 어청도의 "조수 간만명(干滿名)"을, 특히 흑산도의 것을 중점적으로 기술하는데, 부분적으로 역사언어학적 분석을 시도하는 작업이다.

다음으로 장태진(1969)의 보다 본격적인 작업이 60년대 말에 발표된다. 이 연구는 기본적으로 방언 어휘론과 역사언어학의 시각에서 물때 명칭들을 검토하는데, 핵심 부분은 모두 23개 지역(전북 1곳과 제주도 1곳을 제외하면 전남이 모두 21곳인데, 구체적으로는 무안군에서 여천군까지 곧 전남의 서해안에서 남해안까지를 두루 포괄함)에서 직간접적으로 수집된 자료를 바탕으로 그것의 "유형" 분류를 시도하는 것이다(1969: 97-121). 그러나 유형 분류가 구분법(classification)의 시각보다는 "어휘 구조"의 시각, 다시 말해서 전체 체계보다는 그것을 구성하는 개별 항목(즉, 어휘)에 좀 더 맞추어짐으로써, 방언 어휘론적 접근의 한계를 노정하는 것으로 보인다. 그러나 저자는 또 이 논문에서 실학자 중 조석에 관한 가장 뛰어난 기술을 한 신경준(申景濬)의 기술 내용을 자세히 소개함으로써 (저자의 표현을 빌리면, "아울러 [이 논문에] 『여암전서(旅菴全書)』의 자료를 첨부하는 것인데, 이 방면 문헌어의 자료가 풍명(風名) 어휘에 『성호사설(星湖塞說)』, 어명(魚名) 어휘에 『자산어보(玆山魚譜)』가 중요한 것과 같이 '조수(潮水) 어휘'에 있어서 그 가치를 고려하기 때문이다."(1969: 89)), 이 연구에 많은 노력이 들었음을 보여준다. 더욱이 비교적 이른 발표 시점으로 보아, 이 연구에 대한 평가는 상당히 긍정적이어야 할 것으로 생각된다.

다음으로 1990년대까지는 물때에 대한 새로운 연구보다는 대체로 특정 지역의 물때 명칭에 대한 평면적 보고만이 계속되어 온 것으로 보인다. 대표적으로 전남 여수의 초도(김광언 1969), 전북의 부안 일대(김광언 1971), 충남 보령의 녹도 등(한상복 1975), 전남의 진도(Chun 1984: 27, 30), 제주도의 가파도 등 6개 지역(김영돈 등 1986: 232-233), 전남의 목포(조경만・이경화 1995: 191-192) 등에 대한 간략한 보고가 그것이다. 필자의 강화도에 대한 보고(왕한석 2009[1996]: 38-40)도 사실상 이 범주를 크게 벗어나지 못한 것이 될 것이다.

시간이 지나 극히 근래에 와서야 물때의 명칭체계에 대한 본격적인 기술이 시작되는데, 그것은 전남 진도군의 조도(왕한석 2010: 55-62)와 경남 통영시 사량도(왕한석 2012: 73-82)의 사례를 보고하면서부터이다. 간단히 말하여, 물때의 명칭은 보름을 주기로 하는 15개의 개별 명칭의 평면적 배열을 넘어 세 단계의 위계적 구조, 즉 정련한 민속분류법(folk taxonomy)으로 구성된다는 사실과 함께, 서해안에서 사용하는 모델과 남해안에서 사용하는 모델 간에는 물때의 시작일이 다르다는 중요한 사실이 보고되었다.[3] 뒤이어 물때의 민속구분법에 대한 장기간의 참여관찰에 의한 포괄적인 연구가 전북 부안의 곰소만에서 이루어졌다(조숙정 2014: 182-256, 특히 209-245; Jo 2018).

이상으로 물때에 대한 앞선 연구들의 간략한 소개를 마치고, 물때의 명칭체계에 대한 보다 본격적인 기술로 나아가기로 하겠다.

사실은 바닷물은 매순간 끊임없이 바뀌는 것이지만, 우리 어촌사회에서는 하루를 단위로 매일의 '물 상태'가 서로 다른 것으로(즉,

---

3) 사실은 이 '서해안 모델'과 '남해안 모델'이 음력 날짜에서 서로 다르다는 점은 비교적 일찍 알려졌던 것 같은데, 당시에는 필자가 이를 잘 몰랐다. 이에 대해서는 뒤에서 다시 기술하기로 하겠다.

구분되는 것으로) 본다. 그리하여 음력 날짜에 맞추어 그 날 그 날의 바닷물의 양(육지에서 보면 물의 높이가 됨)과 세기 그리고 들고나는 정도 등을 구분하여 가리키는 표현을 쓰는데, 간단히 서해안의 두 지역의 예를 들면 다음 <표 1>과 같다.

<표 1> 물때의 구분 명칭 (서해안 지역)

일련번호	일자	구분	
		강화도	조도
1	음력 10일, 25일	한매	한물
2	음력 11일, 26일	두매	두물
3	음력 12일, 27일	서매	서물
4	음력 13일, 28일	너매	너물
5	음력 14일, 29일	다섯매	다섯물
6	음력 15일, 30일	여섯매	여섯물
7	음력 16일, 1일	일곱매	일곱물
8	음력 17일, 2일	여덟매	야닯물
9	음력 18일, 3일	아홉매	아홉물
10	음력 19일, 4일	열매	열물
11	음력 20일, 5일	한게끼	(한)게끼
12	음력 21일, 6일	다게끼/두게끼	대게끼
13	음력 22일, 7일	아치조금	아침조금
14	음력 23일, 8일	조금	(한)조금
15	음력 24일, 9일	무시	무수

먼저 <표 1>에서 형태소 '매'와 '물'의 차이를 제외하면, 까마득히 멀리 떨어진 두 곳의 명칭체계가 사실상 같다는 놀라운 사실을 발견하게 된다. 그런데 여기서의 '매'는 '물'을 가리키는 고구려어(高句麗語)의 잔재(이숭녕 등 1957: 150-151)이므로, '한매'와 '한물' 등은 의미상 같은 표현이 된다.

위 두 곳의 물때 명칭은 우리 어촌사회에서 써 온 물때 명칭의 사실상 대표형이 되는데, 간단히 말해, '한매'(또는 '한물')에서 '열매'(또는 '열물')까지를 순차적으로 세고, 그 다음에는 두 번의 '게끼'와 두 번의 '조금' 그리고 '무시'(또는 '무수')로 끝을 맺는 구조이다. 지금까지 보고된 서해안 지역의 물때 명칭은 (서쪽으로 멀리 떨어진 흑산도를 포함하여) 거의 대부분이 이 명칭체계를 보이는데, 단 지역에 따라 '매' 대신에 '마'를 쓰는 곳이 있다. 전북 부안 지역이 대표적인 예가 되는데(김광언 1971; 조숙정 2014: 210-211), 그러나 여기서의 '마'는 '매'의 변이형에 다름 아닐 것이다.

그런데 매일 달라지는 물때의 명칭에는 한 종류가 더 있다. 즉, 위의 명칭들은 그야말로 그 날이 몇 매(또는 몇 물)인지를 가리키는 '물때'의 이름인데, 이 물때와 관련되지만 그 날의 날짜에 보다 초점을 맞추어 표현하는 말들이 있다. 강화도의 경우 물때의 이름에다 쉽게 '-날'을 붙여 해당 이름을 만드는데, 구체적으로 '한묻날-두묻날-서묻날-너묻날-다섯묻날-여섯묻날-일곱묻날-여덟묻날-아홉묻날-열묻날-한게끼-다(/두)게끼-아치조금-조금(날)-무시(날)'가 그것이다. 여기서 '무+ㄷ'의 '무'는 말할 것도 없이 '물'일 것이다. 그런데 강화도에서는 이 구체적인 날을 가리키는 물때의 명칭이 일상적으로 매우 널리 쓰인다.

흥미롭게도 조도에서는 이 개별 날을 가리키는 표현이 발달하지 않았고, 따라서 그러한 사용법이 없다. 이와 관련하여 보다 흥미로운 예는 경상남도의 사량도에서 발견되는데, 여기서는 가령 '한묻날'의 '무'('무+ㄷ'의 '무')와 '날' 사이에 다시 '샛'('새+ㅅ')을 넣는 조어상의 특색을 보인다. 그리하여 물때와 관련한 개별 날짜를 가리키는 전체 표현은 다음과 같다. 즉, '한무샛날-두무샛날-서무샛날-너무샛날-다섯무샛날-여섯무샛날-일곱무샛날-여덟무샛날-아홉무샛날-열무샛날-열한무샛날-열두무샛날-열서무샛날-아침조금날-조금날'의 순이다.[4] 여기서 새로이 첨가된 '새'가 어떤 형태소인지는 매우 흥미로우나, 현재로서는 그 실체를 파악할 수가 없다.

개별 날짜를 가리키는 '이차적인' 물때 명칭에 대한 소개는 논의의 초점을 흐릴 우려가 있으므로 이만 간략히 그치고, 다시 원래의 물때 명칭으로 돌아가기로 하겠다. <표 1>에서 정리한 보름을 주기로 반복되는 물때의 명칭은 해당 일(日)과의 단순한 일대일의 의미관계를 넘어, '물의 상태'가 비슷한 날끼리 묶여 다시 4개의 상위범주로 구분된다. 강화도에서는 이 4개의 상위범주를 '산김'과 '사리(때)', '꺾음', '조금(때)'으로 부르고, 조도에서는 '산짐때'와 '사리때', '게끼질', '조금질'로 부른다. 이 상위범주는 물때 체계의 구성에서 매우 중요한 부분이므로, 남해안의 사량도의 것도 여기서 함께 소개하도록 하겠다. 사량도에서는 이 범주들을 '산물'(또는 '산짐')과 '씨'(또는 '한씨'), '질물'(또는 '저문씨'), '조금때'로 부른다.[5]

여기서 놀라운 사실은 현재까지 보고된 연구 지역들에서는 모두 15개의 개별 물때 명칭을 4개의 상위범주로 묶는데, 이 상위범주가 명칭 면에서는 부분적인 차이가 있을지라도 그것이 지시하는 바는 모두 똑같다는 점이다. 간단히 정리하면 다음과 같다.

---

4) 강화도에 대한 이전의 보고에서는 '한뭇날' 등으로 적었으나, '한묻날'이 좀 더 정확한 표기이므로 여기서는 모두 '한묻날' 등으로 고쳐 적는다. (그리고 물때의 명칭에서 '두게끼'보다 '다게끼'가 더 많이 사용된다고 하여, 또 그렇게 고쳐 적는다.) 사량도의 경우에도 이전의 보고에서는 '한뭇샛날' 등으로 적었으나, '한무샛날'이 좀 더 정확한 현지인들의 발음인 것 같아 모두 '한무샛날' 등으로 고쳐 적는다.

5) 강화도의 것은 필자의 처음 조사(왕한석 2009[1996]: 38-40)에서는 미처 찾지 못한 것인데, 이번의 보완조사(2018년 9월 5~6일 간)에서 새로이 찾은 것이다. 그리고 다른 연구자의 것도 여기서 간단히 덧붙이자면, 부안의 곰소만에서는 '산짐'과 '사릿발', '거끔', '조곰(때)'으로 구분한다(조숙정 2014: 226-229).

(1) '산김', '산짐때', '산물'은 '물이 살아진다' 또는 '살아난다'라고 표현하는 단계로, (물 흐름이 별반 없는) '조금'의 단계를 지나, 물이 점차적으로 살아나는 그리하여 물 흐름이 세어지는 단계를 가리킨다.
(2) '사리(때)', '사리때', '씨'는 잘 알려진 대로 물 흐름이 빠르고 물 힘이 아주 센 단계이다. 말할 것도 없이 이 '사리' 때는 만조와 간조의 차가 가장 큰 시기이다. (여기서 사량도의 '씨'는 어원은 확실하지 않지만, 일단 '사리'의 방언형일 것이다.)
(3) '꺾음', '게끼질', '질물'은 '물이 죽어진다' 또는 '죽어간다'라고 표현하는 단계인데, 여기서 '꺾음'과 '게끼질'은 '꺾이다'에서 온 말이고, '질+물'은 '지다'에서 온 말이다. 이 단계는 '사리'의 단계를 지나 물이 '꺾이거나' '지는' 단계, 달리 말하여 물 흐름이 차차 약해지는 또는 물이 점차 죽어가는 단계이다.
(4) '조금(때)', '조금질', '조금때'는 물 흐름이 별반 없고 물 힘이 아주 약한 단계이다. 물론 이 '조금' 때는 만조와 간조의 차가 가장 작은 시기이기도 하다.

결국 우리 어촌사회에서는 매일 매일의 바닷물의 변화 상태를 일별로 범주화하여 15개의 구분되는 명칭을 붙이고, 다음으로 물의 상태가 유사한 날들을 며칠씩 묶어 4개의 상위범주로 구분하는 것이 된다. 이 4개의 상위범주는, 간단히 말해, 보름 동안의 물의 변화를 '물이 살아나는 단계'--> '물이 가장 산 단계'--> '물이 죽어가는(또는 꺾어지는) 단계'--> '물이 가장 죽은 단계'의 네 순환적 변화로 구분하는 것이 될 것이다. 그런데 이 네 범주는 현지인의 시각 곧 문화 내적 시각(emic point of view)에서는, 어로 등의 중요한 생산 활동과 관련하여(가령 조도에서는 '자네 언제 개기[고기] 잡으러 가는가?'와 같은 질문에, 통상 '게끼질에 간다.'거나 '산짐때에 해 보까해.'와 같은 답을 한다.), 일차적인 구분인 15개의 개별 명칭만큼이나 중요한 구분인 것으로 관찰된다.

물때의 구분은 여기서 그치지 않는다. 앞에서 기술한 4개의 상위범주가 다시 2개의 큰 범주로 묶이는데, 그것을 강화도에서는 '사리(때)'와 '조금(때)'으로 부르고, 조도에서는 '사리때'와 '조금때'로 부르며, 사량도에서는 그냥 '씨'와 '조금'으로 부른다. 그런데 이 두 포괄적 범주는, 필자의 지금까지의 현지조사 경험으로는, 대체로 제보자들의 '의식적인' 지식상에는 잘 나타나지 않는 것처럼 보인다. 다시 말해 조도를 제외한 다른 조사 지역에서는, 이 두 범주의 구분은 (명시적이기보다는) 다소간 '묵시적인' 구분법인 것처럼 느껴졌다.

여기서 이제 이해의 편의를 위해, 서해안의 강화도와 조도 두 지역의 전체적인 물때 구분법을 먼저 간명한 표로 정리하기로 하겠다. 아래의 <표 2>와 <표 3>이 그것이다.

<표 2> 물때의 전체 구분법 (강화도)

단계 I	사리(때)								조금(때)						
단계II	산김			사리(때)					궈음			조금(때)			
단계III	두매	서매	너매	다섯매	여섯매	일곱매	여덟매	아홉매	열매	한게끼	다게끼	아치조금	조금	무시	한매

<표 3> 물때의 전체 구분법 (조도)

단계Ⅰ	사리때						조금때								
단계Ⅱ	사리때						게끼질			조금질			산짐때		
단계Ⅲ	너물	다섯물	여섯물	일곱물	야닯물	아홉물	열물	(한)게끼	대게끼	아침조금	(한)조금	무수	한물	두물	서물

간단히 위의 <표 2>와 <표 3>은 포함과 배제를 원칙으로 하는 세 단계의 위계적 구분법, 즉 분류법(taxonomy)이다. 그런데 이 분류법은 외부자의 시각이 아니라 내부자의 시각에서의 분류법이므로, 민속분류법(folk taxonomy)이 된다. 그리고 이 민속분류법으로 응축된 지식은, 해당 어촌사회에서 시간을 이어 발달시켜 온 그리고 세대를 이어 전승해 온, 바닷물의 주기적 변화를 경험적 지각에 의거하여 체계적으로 이해하려는 민간 지식의 핵심 부분이 된다.

위의 민속분류법에서 가장 상위의 범주인 단계Ⅰ은, 편의상 <표 2>를 중심으로 말하면, 바닷물의 변화를 그것의 양극단인 단계Ⅱ의 '사리(때)'와 '조금(때)'을 두 축으로 삼고, 나머지 범주인 '산김'과 '궈음'은 물 상태의 상대적 유사성에 따라 양극단의 어느 한 범주와 대체로 같은 것으로 보는 구분이다. 그리하여 <표 2>로 정리된 강화도에서는, '사리(때)'와 '산김'을 묶어 단계Ⅰ의 '사리(때)'를 이루고, '조금(때)'과 '궈음'을 묶어 단계Ⅰ의 '조금(때)'을 이룬다.

다른 지역에서도 마찬가지인데, 사량도에서는 (강화도와 거꾸로) '씨'와 '질물'이 합쳐 더 큰 범주인 '씨'를 이루고, '조금때'와 '산물'이 합쳐 더 큰 범주인 '조금'을 이룬다. 부안 곰소만에서는 (강화도와 똑같이) '사릿발'이 '산짐'과 합쳐 '사릿발'을 이루고, '조곰(때)'

이 '거끔'과 합쳐 '조곰(때)'을 이룬다(조숙정 2014: 226-229). 지금까지의 연구에서 다소 예외적인 사례는 <표 3>으로 정리된 조도의 경우인데, 조도에서는 '사리때'만이 단계 I 의 '사리때'를 이루고, 나머지 세 범주(즉, '조금질'과 '산짐때' 그리고 '게끼질')가 모두 합쳐 단계 I 의 '조금때'를 이룬다. 그런데 앞서 언급한 대로 조도에서의 이 구분법은 상당히 명시적이다.[6)]

이제 이 절을 이만 정리하기로 하겠다. 한국 어촌사회에서 발달시켜 온 물때의 명칭체계는 보름 주기로 반복되는 음력 일자에 맞춘 15개의 개별 명칭만으로 구성되는 것이 아니다. 그러한 평면적 배열을 넘어 세 단계의 위계적 구분법을 이루는 보다 입체적인 구성이다. 곧, 일별로 구분되는 15개의 명칭은 물때의 일차적 범주를 구성하고(<표 2> 및 <표 3>의 단계 Ⅲ), 이 일차적 범주 중 서로 유사한 속성의 것들이 묶여 4개의 이차적 범주를 구성하며(<표 2> 및 <표 3>의 단계 Ⅱ), 다시 이 이차적 범주가 유사한 속성에 따라 2개의 삼차적 범주로 구성되는(<표 2> 및 <표 3>의 단계 Ⅰ), 정련한 민속분류법의 체계인 것이다. 개별 어촌사회에 따라 일차적 범주의 명칭은 부분적으로 다를지라도 예외 없이 모두 15개의 범주로 나누며, 이 15개의 범주를 구체적으로 묶는 방식은 달라도 모두 동일한 성격의 4개의 이차적 범주로 나누며, 마지막으로 (다소간 묵시적이기는 하지만) 이 4개의 범주를 또 묶는 방식은 달라도 모두 동일한 성격의 2개의 삼차적 범주로 나누는 것이다.[7)]

---

6) 여기서 한 가지 유의해야 할 부분은, 이와 같은 민속분류법에서 같거나 유사한 표현 형태가 결코 동일한 의미를 가지지는 않는다는 점이다. 쉽게 <표 2>를 예로 들어 말하면, 단계 I 의 '사리(때)'와 단계 Ⅱ 의 '사리(때)'는 동일 형태이지만 그것이 지시하는 의미는 서로 다를 것이며, 단계 I 의 '조금(때)'과 단계 Ⅱ 의 '조금(때)' 그리고 단계 Ⅲ의 '아치조금'과 '조금'의 경우에도 마찬가지일 것이다. 나아가 단계 Ⅱ 의 '겪음'과 단계 Ⅲ의 '한게끼' 및 '두게끼'의 경우에도 같을 것이다.

7) 한 연구자는 이 2개의 삼차적 범주를 묶는 상위범주에 또 '사리'가 있다고 보고, 물때의 민속분류법

결국 우리 어촌사회에서는, 엄밀히는 어느 정도 깊이 있는 연구가 이루어진 지역에서는, 모두 동일한 체계, 즉 동일한 형식적 구조의 구분법으로 바닷물의 주기적 변화를 이해하려는 모델을 공유 발달시켜 온 것으로 보인다. 그런데 개별 어촌사회에 따라 나타나는 구체적인 범주 구분의 차이, 즉 (가령 앞의 <표 2> 및 <표 3>에서의) 이차적 범주의 포함 범위와 삼차적 범주의 포함 범위가 부분적으로 다른 것은, 아마도 필자나 다른 외부인이 미처 알지 못하는, 해당 바다에서 관찰되는 '바닷물 변화의 특수성'이 자리 잡고 있을 것으로 믿어진다.

3. 지역적 변이: '서해안 모델'과 '남해안 모델'

물때 체계의 지역적 변이를 찾는 작업은 아마도 장태진(1969)에 의해 처음으로 시도된 것 같다. 앞에서 간단히 소개하였듯이, 저자는 전북 1곳, 제주도 1곳, 그리고 전남 21곳, 모두 합쳐 23곳의 물때의 '일차적 범주'의 명칭들을 "어휘 구조"의 시각에서 비교하는데, 그 결과 A, B, C, D, E, F라는 여섯 가지 유형을 찾아내고 있다(특히 1969: 99-106). 그런데 E유형으로 정리된 제주도의 경우는 물때 명칭의 분포 양상이 조금 복잡하므로(왕한석 2012: 78, 각주 8)) 논의에서 일단 제외하기로 하고, 전북 1곳의 물때 명칭도 유형 구분에서 별다른 특색을 보이지 않는 것이다. 그러면 저자는 실제로는 전

이 모두 네 단계로 구성되는 것으로 기술한다(조숙정 2014: 217-220, 226-229; Jo 2018). 서해안 일부 지방에서 이러한 넓은 의미의 '사리' 표현을 쓰는 것은 아마도 맞는 것 같다. (그러나 필자는 조도 및 사량도에서는 이러한 표현을 듣지 못하였다.) 그러나 이때의 '사리'란 그것의 의미 확장을 통한 이차적, 비유적 용법이고, 그것이 여기서 말하는 '물때'라는 표제어를 대신할 수 있는 수준의 것은 아닐 것이다. 따라서 필자는 물때의 민속분류법이 최상위 '사리'의 단계를 포함하는 네 단계로 구성된다는 기술에는 유보적 입장을 취하기로 하겠다.

남 지역에 분포하는 물때 명칭의 다섯 가지 유형을 구분하여 찾아낸 셈이 될 것이다.

물론 저자는 물때 명칭의 '구분법'을 찾은 것은 아니고, 보름 주기로 매일 바뀌는 15개의 일차적 범주의 명칭만을 비교하였다. 그런데 전남이라는 한정된 지역을 대상으로 너무 미세한 비교를 함으로써, 정작 지역적 변이의 어떤 중요한 또는 일반화된 유형을 찾은 것 같지는 않다. 나아가 저자는 여기서의 D유형(고흥군의 2곳과 완도군의 금일도 그리고 여수의 거문도)과 F유형(여천군의 1곳)에서 동일한 명칭의 물때가 적용되는 일자가 나머지 유형들과는 서로 다르다는, 결코 간단하지 않은 사실을 놓치고 있는 것 같다.

이제 남해안에 위치한 통영시 사량도의 물때의 구분 명칭을 제시하기로 하겠다. 바로 아래의 <표 4>이다.

<표 4> 물때의 구분 명칭 (사량도)

일련번호	일자	명칭
1	음력 9일, 24일	한물
2	음력 10일, 25일	두물
3	음력 11일, 26일	서물
4	음력 12일. 27일	너물
5	음력 13일, 28일	다섯물
6	음력 14일, 29일	여섯물
7	음력 15일, 30일	일곱물
8	음력 16일, 1일	여덟물
9	음력 17일, 2일	아홉물/아홉물꺾음
10	음력 18일, 3일	열물/열물꺾음
11	음력 19일, 4일	열한물
12	음력 20일, 5일	열두물
13	음력 21일, 6일	열서물
14	음력 22일, 7일	아침조금/열너물
15	음력 23일, 8일	조금/막조금

위 <표 4>를 서해안 지역의 것인 앞의 <표 1>과 비교해 보자. 물때 명칭상으로는 사량도에서는 강화도 및 조도와는 달리, (같은 날짜에 함께 쓰는 다른 대체적 명칭을 일단 고려하지 않으면) '한물'부터 '열서물'까지를 순차적으로 세고, 나머지 이틀만 특수한 '명사형' 어휘인 '아침조금'과 '조금'을 쓰는 특색을 보인다. 그런데 여기서 보다 중요한 차이는 '한물'에서 시작되는 물때의 주기가 하루 빠른 음력 9일과 24일에 시작하고, 그리하여 하루 빠른 23일과 8일에 끝난다는 점일 것이다.

필자는 사량도에서 이러한 물때의 적용 일자가 서해안 지역과는 다른 것을 알고는 사실은 매우 놀랐는데(왕한석 2012: 78-79), 이는 당시 필자가 이 부분에 대한 배경 지식이 넓지 못한 데서 기인하였을 것이다.

여기서 시야를 넓혀 사량도가 속하는 경상남도의 다른 지역 어촌들의 사례를 살펴보기로 하자. 다행히 경상남도 일원에 대한 간략한 보고가 나와 있다(이경미 2002). 먼저 부산 가덕도와 거제도의 경우에는 '한물'에서 '열서물'까지를 순차적으로 세고 마지막 이틀은 '앉은조금'과 '조금'으로 부르는데, 물때의 시작일은 9일과 24일이다. 마산과 고성의 경우에는 '한물'에서 '열너물'까지를 세고 마지막 날만 '조금'으로 부른다. 물때의 시작일은 9일과 24일이다. 통영의 경우에도 '한물'에서 '열서물'까지를 세는데 마지막 이틀을 가리키는 명칭에서 보고가 조금 불명확하다. (그 중 한 조사지는 사량도와 동일한 명칭을 쓴다.) 물때의 시작일은 9일과 24일이다. 마지막으로 남해도의 경우에도 '한물'에서 '열서물'까지를 세고 마지막 이틀은 '아끈조금'(또는 '앉은조금')과 '조금'으로 부른다. 여기서도 물때의 시작일은 9일과 24일이다(2002: 160-161, 179-180, 172-173, 182-183).

위 마산과 고성의 보고에서, 사량도의 예로 미루어 보면, '열너물'과 함께 쓰는 다른 표현을 조사자가 놓쳤을 개연성이 있어 보이는데, 일단 이 마산과 고성 지역의 명칭은 논의에서 제외하기로 하자. 그러면 결국 경남의 남해안 일대에서는, 먼저 명칭상으로는 모두 '한물'에서부터 '열서물'까지를 순차적으로 세고 마지막 날은 '조금'으로 부르는데, '조금' 전날 즉 22일과 7일의 명칭에서 약간의 형태상의 변이가 있는 것이 될 것이다. 그리고 모든 지역에서 물때의 시작일은 9일과 24일이다. 그러면 위의 <표 4>로 정리한 사량도의 물때 구분 명칭을 경남 남해안 일대의 대표형으로 보아도 별다른 문제가 없을 것이다.

사실은 물때의 시작일이 10일과 25일인 '서해안의 모델'과 9일과 24일인 '남해안의 모델'은, 이른바 "7물때식"(음력 1일이 '일곱물'인 데서 연원한 명칭임)과 "8물때식"(음력 1일이 '여덟물'인 데서 연원한 명칭임)이라는 이름으로, 관련 영역에서 제법 일찍부터 불려온 것으로 보인다(박청정 1986a; 구만옥 2001: 62; 이기복 2003 등). 이 명칭의 합당성 여부를 떠나 이제는 일반에게 널리 쓰이는 명칭인 것으로 보이므로(가령 국립해양조사원의 '스마트조석예보' 참조), 이 글에서는 '서해안 모델' 및 '남해안 모델'과 함께 이 표현들은 같이 사용하기로 하겠다.

그러면 연구의 다음 질문은 이 '남해안 모델'의 정확한 분포 지역을 찾는 데에 맞추어져야 할 것이다. 다시 말해 이 '남해안 모델'은 남해도를 지나 서쪽으로 어디까지 쓰이는 것일까? 앞에서 '서해안 모델'의 개략적 분포 지역과 경남 남해안의 명칭체계는 이미 밝혀졌으므로, 검토의 대상은 당연히 전남의 남해안 지역이 되어야 할 것이다. 참고로 목포 지역의 물때 명칭은 조도의 그것과 사실상 같은 것으로 이미 보고된 바 있다(조경만 · 이경화 1995: 191-192).

비교적 이른 한 보고에 의하면, 여수의 초도(고흥반도 남쪽임)에서는 '한물'에서 '열두물'까지를 순차적으로 세고 그 다음에는 '대객기'와 '아침조금', '한조금'으로 이어지는데, 물때의 시작일은 9일과 24일이다(김광언 1969: 374). 또 초도 남쪽에 위치한 거문도에서도 '열두물' 다음 날이 '대개끼'로 표기된 것 외에는, 위 초도의 것과 동일하다(이경엽 2002: 142). 같은 보고에서 여수 화정면의 백야도와 적금도도 '다대끼'와 '대댕끼'의 형태 차이를 제외하고는 모두가 같은 것으로 보고된다(2002: 139-140). 그러면 여수 지역의 경우에는 서쪽으로 멀리 떨어진 초도와 거문도까지 모두, '한물'에서 '열두물'까지를 세고 다음에 '대개끼'와 '아침조금', '한조금'으로 이어지는 '8물때식'임을 알 수 있다.

그러면 여수의 다음 서쪽인 완도 쪽은 어떠할까? (여기서 이해의 편의를 위해 관련되는 주요 섬들의 위치를 보여주는 지도를 제시하면, 아래의 <지도 1>과 같다.) 다행히 신지도에 대한 간략한 보고가 있는데, 신지도에서는 '한물'부터 '열두물'까지를 순차적으로 세고 다음은 '아침조금', '한조금', '무수'로 부른다. 그런데 음력 1일은 '일곱물'이다(조경만 · 선영란 · 박광석 1995: 241). 신지도 위의 고금도에 대한 보고는 불명확한데, 아마도 신지도와 같은 것으로 보인다(1995: 248). 같은 보고에서 흥미로운 부분은 신지도 북동쪽의 금당도에 대한 것인데, 기술이 명확하지는 않으나 물때의 명칭은 대체로 여수 쪽의 것과 같은 것으로 보이고, 음력 1일이 '여덟물'이다(1995: 260).

여기에다 장태진의 이른 보고를 보면, 고흥군의 2곳과 완도군의 금일도(즉, 평일도)가 '한물'에서 '열두물'까지를 순차적으로 세고 그 다음에는 대체로 '게끼'와 '아침조금', '한조금'을 쓰는 것으로 나와 있다. 그리고 물때의 시작일은 9일과 24일이다(장태진 1969: 102-103).

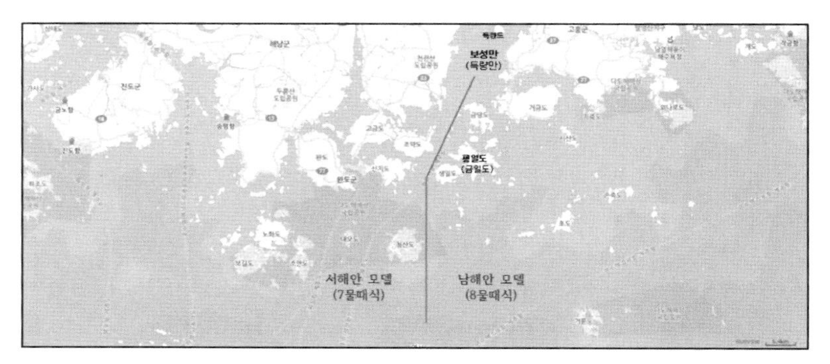

(출처: 네이버 지도를 바탕으로 필자 편집)

[지도 1] 완도 · 여수 지역의 바다: '서해안 모델'과 '남해안 모델'

그러면 우리가 찾는 '서해안 모델'과 '남해안 모델'의 지리적 경계선은 완도의 동쪽 어디쯤에 있는 것으로 보이므로, 다음 단계의 작업은 그 인근의 섬들에 대한 직접적인 확인이 될 것이다. 그리하여 필자는 완도군의 조약도와 그 아래의 청산도, 그리고 금당도와 바로 아래에 있는 평일도와 생일도를 대상으로, 해당 지역의 물때 체계를 전화로 직접 확인하는 작업에 들어갔다(2018년 8월 24일~27일 간).

이 확인의 결과는 간단히 다음과 같다. 즉, 금당도와 평일도 그리고 생일도는 모두 '8물때식'인데, 앞에서 간략히 살펴본 여수 지역(초도, 거문도 등)의 명칭체계와 동일하다. 조약도와 청산도는 둘 다 '7물때식'인데, 앞에서 간략히 소개한 신지도 및 고금도의 명칭체계와 같은 것으로 보인다. 이 다섯 섬 지역의 물때 구분 명칭을 비교하여 정리하면, 그것은 아래의 <표 5>와 같다. (단 여기서 이 자료는 전화 면접을 통해 수집한 것이므로, 실제의 일상 발음은 부분적으로 다를 수도 있을 것이다.)

<표 5> 물때의 구분 명칭 (완도군 지역)

일련번호	일자	명칭	
		조약도 · 청산도	금당도 · 평일도 · 생일도
1	음력 10일, 25일	한물	두물
2	음력 11일, 26일	두물	서물
3	음력 12일, 27일	서물	너물
4	음력 13일. 28일	너물	다섯물
5	음력 14일, 29일	다섯물	여섯물
6	음력 15일, 30일	여섯물	일곱물
7	음력 16일, 1일	일곱물	야닯물
8	음력 17일, 2일	야닯물	아홉물
9	음력 18일, 3일	아홉물	열물
10	음력 19일, 4일	열물	열한물
11	음력 20일, 5일	열한물	열두물
12	음력 21일, 6일	열두물	대게끼
13	음력 22일, 7일	아침조금/한조금	아침조금
14	음력 23일, 8일	한조금/두조금	조금
15	음력 24일, 9일	무시	한물

위 <표 5>에서 조약도에서는 일련번호 13, 14에 대해 '아침조금'과 '한조금'을 주로 쓰나, 청산도에서는 '한조금'과 '두조금'을 주로 쓰는 것으로 보고된다. 그런데 이 조약도와 청산도의 물때 명칭은 서쪽으로 완도의 본섬뿐 아니라 더 서쪽에 위치한 노화도에서도 그대로 쓰이는 것으로 확인된다. 단, 이 두 곳에서는 '무시'보다 '무수'로 부르고, 그리고 완도에서는 '아침조금'과 '한조금'을 주로 쓰는 데 반해,

노화도에서는 '한조금'과 '두조금'을 주로 쓰는 작은 차이가 있다.

이제 문제는 명료해졌다. 고흥반도 왼쪽의 보성만에서 약간 비스듬히 남으로 내려오면서 왼쪽의 조약도와 신지도 그리고 청산도로부터 그 서쪽으로는 모두 '7물때식' 즉 '서해안 모델'을 쓰고, 오른쪽의 금당도와 평일도, 생일도 그리고 아래로 초도와 거문도로부터 그 동쪽으로는 모두 '8물때식' 즉 '남해안 모델'을 쓰는 것이다. 조약도와 청산도의 제보자들은 자신들의 물때를 (초하루 기준이 아닌) '금[그믐] 여섯물 · 보름 여섯물'로 표현하였고, 마찬가지로 금당도와 평일도 그리고 생일도의 제보자들은 자신들의 물때를 '금 일곱물 · 보름 일곱물'로 표현하였다. 그리고 두 다른 물때 간의 또 다른 차이로는 '무시'가 있고 없음을 많이 들었는데, 이따금씩은 '게끼'가 있고 없음도 들었다.

그런데 특히 조약도와 신지도, 그리고 평일도와 생일도는 실상 서로 떨어진 거리가 얼마 되지도 않는데, 제보자들의 표현을 빌리면, 한쪽에서는 '물때를 하루 먼저 치고' 다른 쪽에서는 '물때를 하루 늦게 친다.' 이 사실을 잘 알고 있는 제보자들에게 가까운 거리에서 왜 물때가 하루 빠르고 하루 늦느냐는 질문과 함께, 예부터 전해 오는 무슨 이야기가 있는지를 물어 보았으나, 그 이유는 모르고 특별히 전해 오는 이야기도 없고 그저 예전부터 그리 쳐 왔다는 대답만 들었다.

그런데 위 <표 5>의 조약도와 청산도의 물때 명칭은 앞에서 기술한 강화도 및 조도의 것(<표 1>)과 부분적으로 다르다. 즉, 이 완도 지역에서는 '한물'부터 ('열물'을 넘어) '열두물'까지를 순차적으로 세고, 그 다음에는 (두 번의 '게끼'는 없이) '아침조금', '한조금', '무시'로 끝을 맺는 구조이다. 마찬가지로 금당도와 평일도, 생일도 등의 물때 명칭도 앞에서 기술한 사량도의 것(<표 4>)과 부분적으로 다르다. 즉, 이 (행정적으로 완도군 동쪽 일부를 포함하는) 여수 지역에서는 '한물'부터 '열두물'까지만 세고, ('열서물' 대신에) '대게끼'를 쓰고 그리고 '아침조금', '조금'으로 끝을 맺는다.[8]

여기서 우리는 한국 물때 체계의 또 다른 숨겨진 차원을 발견하게 된다. 곧, 물때의 시작일을 기준으로 한 '서해안 모델'과 '남해안 모델'의 구분을 넘어서서, 이 '7물때식'과 '8물때식' 내에 앞에서 기술한 각각의 대표형과는 다른 변이형 또는 하위 종류가 발달해 있는 것이다. 그러나 이 두 변이형이 사용되는 지리적 영역은 상대적으로 좁아, 좀 단순하게 말하면, 하나는 (전남의) 완도 지역을 중심으로 분포하고, 다른 하나는 (전남의) 여수 지역을 중심으로 분포한다. 따라서 공간적 분포의 면에서는 완전히 다른 물때 체계(곧, 서해안 일대의 것과 경남 남해안의 것)로 바뀌기 전 단계의, 방언지리학의 표현을 원용하면, 일종의 '전이 지역'(transition area)에서 각기 사용되

8) 여기서 조약도와 금당도의 물때의 전체 구분법에 관한 자료를 간단히 정리하기로 하겠다.
먼저 금당도에서는 '일곱물', '야닯물', '아홉물', '열물'을 '사리'(또는 '씨')로 묶고, '열한물', '열두물', '대게끼'를 '게끼'로 묶는다. 그리고 '아침조금', '한조금', '한물', '두물', '서물'을 '조금'으로 묶고, '너물', '다섯물', '여섯물'을 '산짐'으로 묶는다. 다음으로 좀 덜 명시적이기는 하지만, 이차적 범주인 '사리'와 '게끼'를 삼차적 범주인 '사리'로 묶고, 마찬가지로 이차적 범주인 '조금'과 '산짐'을 삼차적 범주인 '조금'으로 묶는 세 단계의 민속분류법이다. 그런데 여기서 놀라운 사실은, 사량도와 일차적인 구분 명칭에서는 부분적으로 다르지만, 이 금당도의 물때의 민속분류법이 사량도의 그것(왕한석 2012: 79-80)과 정확히 같다는 점이다.
다음으로 조약도에서는 '여섯물', '일곱물', '야닯물', '아홉물'을 '사리(때)'로 묶고, '열물', '열한물', '열두물'을 '게끼'로 묶는다. 그리고 '아침조금', '한조금', '무시', '한물', '두물'을 '조금(때)'으로 묶고, '서물', '너물', '다섯물'을 '산짐'으로 묶는다. 그런데 개별 명칭이 아니라 음력 일자를 기준으로 보면, 15개의 일차적 범주를 4개의 상위범주로 묶는 방식에서 이 조약도의 것은 위 금당도의 것과 정확히 일치함을 볼 수 있다. 다음으로 여기서는 금당도와는 달리, 이차적 범주인 '산짐'과 '사리(때)'를 삼차적 범주인 '사리(때)'로 묶고, 그리고 또 다른 이차적 범주인 '게끼'와 '조금(때)'을 삼차적 범주인 '조금(때)'으로 묶는다. 결국 두 삼차적 범주를 구성하는 방식에서 바로 옆에 있는 금당도와는 다른 것이 될 것이다. (그런데 그 이유에 대해 이곳의 제보자들은 아마도 두 곳의 '조류가 다를 것'이라고만 답하였다.)
이 금당도와 조약도의 물때의 전체 구분법에서 다시 한 번 확인할 수 있는 것은, 우리의 물때 체계가 어디서나 세 단계의 그리고 동일한 구조의 민속분류법으로 인지된다는 사실일 것이다.

는 것이 될 것이다. 그러나 이 두 변이형은 일차적으로는 서로 다른 체계에 속하지만, 구체적 명칭의 면에서는 상당한 유사성을 보이는데, 그것은 두 변이형 모두가 특이하게도 '한물'에서 '열두물'까지를 순차적으로 세어 나가는 것이 될 것이다.

그러면 한국 물때 체계의 지역적 변이에 대한 큰 그림을 이제 얻은 것이 될 것이다. 동해안에는 물때의 구분이 사실상 발달하지 않았으므로, 이 글에서는 처음부터 논의의 대상에서 제외하였다. 그러면 물때가 발달한 서해안 및 남해안에서는 초하루가 '일곱물'인 '서해안 모델'과 초하루가 '여덟물'인 '남해안 모델'의 구분이 먼저 이루어지고, 각 모델 내에 두 가지 하위 종류가 있는 셈이 된다. 곧, '서해안 모델'에는 그야말로 서해안 일대에서 널리 사용되는 앞의 <표 1>로 정리한 중심 모델 즉 대표형이 있고, 그 변이형으로 바로 위의 <표 5>에서 정리한 전남 완도 지역 일원에서 사용되는 부분적으로 다른 모델이 있다. 마찬가지로 '남해안 모델'에는 경남의 남해안 일대에서 사용되는 앞의 <표 4>로 정리한 중심 모델이 있고, 그 변이형으로 위의 <표 5>에서 정리한 전남 여수 지역 일원에서 사용되는 부분적으로 다른 모델이 있다. 따라서 우리 물때 체계는 크게는 '서해안 모델'과 '남해안 모델'의 두 가지로 나눠지만, 보다 구체적으로는 4개의 구분되는 명칭체계로 나뉘는 것이 될 것이다. 지금까지 이 4개의 명칭체계에 대해 모두 기술하였지만, 여기서 다시 총체적 비교 및 조감이 가능하도록 하나의 표로 정리하기로 하겠다. 아래 <표 6>이 그것인데, 서해안의 대표형으로는 중부 지방 강화도의 것을 편의상 들기로 하겠다.

<표 6> 물때 체계의 지역적 변이

일련번호	일자	서해안모델(7물때식)		남해안모델(8물때식)	
		대표형 (서해안일대)	변이형 (전남완도지역)	변이형 (전남여수지역)	대표형 (경남남해안)
1	음력 10일, 25일	한매	한물	두물	두물
2	음력 11일, 26일	두매	두물	서물	서물
3	음력 12일, 27일	서매	서물	너물	너물
4	음력 13일. 28일	너매	너물	다섯물	다섯물
5	음력 14일, 29일	다섯매	다섯물	여섯물	여섯물
6	음력 15일, 30일	여섯매	여섯물	일곱물	일곱물
7	음력 16일, 1일	일곱매	일곱물	야닯물	여덟물
8	음력 17일, 2일	여덟매	야닯물	아홉물	아홉물
9	음력 18일, 3일	아홉매	아홉물	열물	열물
10	음력 19일, 4일	열매	열물	열한물	열한물
11	음력 20일, 5일	한게끼	열한물	열두물	열두물
12	음력 21일, 6일	다게끼	열두물	대게끼	열서물
13	음력 22일, 7일	아치조금	아침조금	아침조금	아침조금
14	음력 23일, 8일	조금	한조금	조금	조금
15	음력 24일, 9일	무시	무시	한물	한물

위 <표 6>에서 보면 '수사+매/물' 형태의 부분적으로 다른 사용법 외에, '무시'의 있고 없음이 '서해안 모델'과 '남해안 모델'을 구분 짓는 또 다른 중요 표지체(marker)인 것으로 드러난다. 그 이유는 잘 알 수가 없지만, 어쨌든 '무시'는 서해안 모델에서만 사용하는 특수 어휘이다.

위 일람표에서 발견되는 보다 흥미로운 사실은, 일련번호 13, 14에서 나타나는 특정 일자에 고착된 명칭의 사용이다. 곧, 네 명칭체계 모두에서 22일, 7일과 23일, 8일은, 강화도의 표현으로 하면, '아치조금'과 '조금'이 일관되게 쓰인다. 여기서 지역에 따라 달리 나타나는 '아치-', '아침-', '앉은-', '아끈-' 등은 그 어원은 확실하지 않으나, 모두 '작은-'에 해당하는 뜻으로 보인다. (필자는 좀 막연하지만, '아촌아들', '아촌설'과 같은 용례에서 보이는 '아촌'과의 연관성을 생각해 보고 싶다.) 어쨌든 네 체계 모두에서 의미상으로는 22일, 7일은 '작은 조금'에 해당하는 명칭으로 부르고, 23일, 8일은 '큰 조금'에 해당하는 명칭으로 부르는 것이다.

여기서 만일 '조금'이 물이 가장 적은 날을 가리키는 것이라면, 그것이 적용되는 날짜는 지역에 따라, 최소한 서해안과 남해안에서는 각기 달라야 할 것이다. 뿐만 아니라 자연과학의 지식에 따르면, "실제로 …최소의 조차가 일어나는 조금은 상현(월령 7일경) 및 하현(월령 22일경) 후 1~3일에 나타"나고, 구체적으로 평택항의 경우에는 상현과 하현 후 2일경에 나타난다고 한다(이석우 2004: 228-229). 따라서 여기서의 '조금'은 단순한 물의 변화나 상태를 가리키기보다는, 다른 무엇과 연관되는 것 같다.

추론의 실마리는 '조금'의 어원에 관한 다음 기술에서 풀릴 듯하다. 즉,

> "그런데 조곰['조금'의 이전 형]은 월형(月形)이 첫조금, 훗조금과 같이 상하현(上下弦)에 있어서 영휴(盈虧)가 상반(相半)된 것을 이르는 듯한데, 현대인의 기억에는 이 어휘가 이미 사라졌다. …요컨대 '조금'은 달의 상하현 상태의 '반백 반흑(半白半黑)'이란 영휴 상반(盈虧相半)됨을 말함이요, 조수 간만은 이와 아울러 최저조를 이루는 것이다." (이숭녕 등 1957: 151)

결국 '조금'은 일차적으로 달의 특정 상태를 가리키는 말이었으므로, 실제의 물 상태와는 무관하게, 두 해당 일자에 고정되어 모든 지역에서 똑같이 사용되어 온 것으로 보인다. 그리고 시간이 흘러 원

래의 의미는 사라지고, 오늘날은 물때의 한 명칭(또는 특정한 물의 상태)을 가리키는 것으로 그 의미가 변화하였을 것이다.

이제 남은 부분은 제주도의 물때 명칭이다. 제주는 필자가 직접 현지조사한 곳이 아니므로 간략히 언급하기로 하겠다. 북제주군 김령리에서 최근 보고된 바에 따르면, 물때의 시작일은 9일과 24일이고, 물때의 명칭은 'ᄒᆞᆫ물-두물-서물-너물-다섯물-여섯물-일곱물-여덟물-아홉물-열물-열ᄒᆞᆫ물-열두물-막물-아끈조기-한조기'의 순으로 반복된다(안미정 2006: 312, 각주 6)). 여기서 '조기'는 '조금'의 방언형이다. 그런데 이 물때 명칭은 좀 더 일찍 보고된 현평효의 것(1985: 445-446)과 동일하다. 단, 현평효의 보고에는 옛 제주의 방언형이 좀 더 살아 있다.

현평효에 의하면, 제주시의 동쪽(조천면, 구좌면, 성산면, 표선면, 남원읍, 서귀읍)에서는 위 김령리와 같이 9일과 24일에 'ᄒᆞᆫ물'이 시작되고, 제주시의 서쪽(애월면, 한림읍, 한경면, 대정읍, 안덕면, 중문면)에서는 물때 명칭은 같으나 10일과 25일에 'ᄒᆞᆫ물'이 시작된다. 여기서 일단 제주시의 동쪽 지역 것만 보면, 이 지역의 물때 체계는 앞의 <표 6>에서의 전남 여수 지역의 것과 동일할 것이다. 단지 여수 지역의 '대게끼'가 여기서는 '막물'로 바뀌었을 뿐이다.

그런데 제주시의 서쪽 지역 것은 그리 단순하지 않은 것 같다. 김영돈이 보고한 제주의 6개 지역 중 4곳은 서쪽 지역인데, 여기서는 모두 물때의 시작일이 10일과 25일인 것은 현평효의 보고와 같으나, 7일과 8일이 각기 '아끈줴기'와 '한줴기'인 것으로 나와 있다. 그리고 조사 지역마다 약간의 차이는 있으나, 9일이 '부날'이라는 새로운 명칭으로 보고된다(김영돈 등 1986: 232-233). 필자는 위 <표 6>

에서 정리한 물때 체계의 지역적 분포도에 의거하여, 김영돈의 보고가 실재에 더 근접할 것으로 판단한다. (무엇보다도 현평효의 보고대로 하면, ‘아끈줴기’와 ‘한줴기’가 각각 8일과 9일에 해당하게 된다.) 그러면 제주의 서쪽 지역 것은 <표 6>에서의 전남 완도 지역의 것과 사실상 같을 것이고, 여기서의 특이 명칭인 ‘부날’은 서해안 모델의 ‘무시’에 대응할 것이다.

이상이 제주 지역 물때 체계의 대강의 모습인데, 물론 제주 지역에 대한 보다 구체적이고 정밀한 조사가 앞으로 이루어져야 할 것이다.

이상으로 필자는 (제주도를 포함하는) 한국 물때 체계의 지역적 변이에 대한 전체 분포도를 일단 찾은 것으로 생각한다. 개별 지역에 따라 부분적으로 미세한 변이가 있을 수 있겠으나, 기본적으로는 위의 <표 6>에서 정리한 유형 분류의 큰 틀 내에서의 작은 변이일 것으로 짐작한다.

이제 남은 그러나 큰 질문 하나는 왜 서해안 모델과 남해안 모델은 물때의 적용 일자가 서로 다른가, 달리 말해, 왜 남해안에서는 서해안보다 하루 빨리 물때를 세는가가 될 것이다. 이에 대한 답은 해양학 분야의 연구 결과에서 추론 가능한 것으로 보이는데, 즉 한국 해안으로 오는 중심 조석파(潮汐波)가 일본 규슈의 서쪽으로부터 우리 남해안을 거쳐 서해안으로 올라오기 때문일 것이다. 조석파의 도달 시간차는 정확히 모르겠지만, 남해안과 서해안에서 상당한 시간차로 이르고 늦음은 분명한 것 같다.

한 전문학자의 아래의 인용문과 함께, 해당 저자가 제시하는 ‘<그림> 한국 근해의 M2분조(分潮)의 등조시도(等潮時圖)’(이석우 1992: 179)가, 위 질문에 대한 일반적 그리고 배경적 답이 될 것이다(단, 아래의 인용문에서는 남해안 부분이 정확히 언급되지 않아 필자가 [ ] 속에 해당 부분을 임의로 첨가하였음).

> "태평양으로부터 진입한 반일 주기(半日週期)인 M2분조(分潮)는 유구열도(琉球列島)에 거의 같은 시각 등조시 약 7시에 도달한다.…
> 동중국해(東中國海)에 진입한 조석파는 구주(九州) 서안을 따라 북진하여 등조시 8시경에 구주 서단에 도달하고, [한국 남해안을 지나서] 한국 서안을 따라 북진하여 약 14시간 후 황해의 북안에 도달한 후 서쪽으로 전향하여 발해(渤海)로 향한다." (이석우 1992: 178)

그러면 또 다른 질문은, 서해안 모델과 남해안 모델의 지리적 경계선이 왜 (대체로 말해) 여수 지역과 완도 지역의 중간선이 되느냐는 것이 될 것이다. 이에 대해서는 해당 분야에서의 연구가 아직 이루어지지 않은 것으로 보여, 필자로서는 아무런 답도 '인용'할 수가 없다. 앞으로 관련 영역에서의 좋은 연구 성과를 기대할 뿐이다. 그러나 극히 일반적인 서술이기는 하지만, 조석파 외에도 여러 요인들이 복합적으로 조석에 영향을 미침을, 여기서 한 번 상기할 필요는 있을 것 같다.

> "조석은 또한 [조석파 외에도] 다른 요소에 의해서도 영향을 받는데, 이를테면 해양 분지의 특성(규모, 수심, 지형), 위도, 그리고 해안선의 모양이 포함된다. 이러한 요소들이 조차에 있어 커다란 차이를 만든다." (Christopherson(윤순옥 외) 2012: 516)

4. 실학자들의 조석 기술에 대한 현재적 검토

근대 시기 이전의 조석(潮汐)에 대한 여러 기술에 대해서는 간략한 개요가 그동안 소개되어 왔는데, 대표적으로 최남선(1973[1948]: 406-407), 유경노(1999[1986]), 한상복(1988) 등을 들 수 있겠다. 그런데 이 주제에 대한 보다 본격적인 연구는 구만옥(2001)에 의해 이루어진 것 같다.

구만옥의 연구는 사상사의 시각에서 "조선후기 자연인식의 변화를 '조석'이라는 문제를 중심으로" 고구하고자 하는 것이다(2001: 3). 그런데 이 연구에서는 시대를 이어 바뀌는 여러 '조석설'의 개요와 조선 학자들이 풀어야만 했던 그야말로 난제인 '동해무조석론(東海無潮汐論)'의 대두와 그것의 다양한 전개와 같은, 현재적 연구를 주로 하는 학자가 잘 알지 못하는 역사적 사실에 대한 중요한 배경지식을 제공하는 것으로 생각된다. 뿐만 아니라 이 논문의 뒷부분에서는 이규보(李奎報)와 여러 실학자들의 "조석표"를 정리 제시함으로써(2001: 58-62), 이 글의 중심 주제와의 직접적인 연결점을 제공해 주는 것으로 보인다.

위 연구에 의하면, 역사적으로 조석에 대한 관심은 어촌에서 직접 생산 활동을 하는 어민들뿐만 아니라 정부와 관료들도 이에 대해 지속적인 관심을 기울였는데, 그 이유는 이 조석에 대한 지식이 '어업·염업·농업 등 민생과 관련한 생산 활동'과 '조운 등 해상운송의 안전' 그리고 '해상에서의 효율적인 군사 활동의 수행' 등과 직접적으로 연관되었기 때문이라고 한다(2001: 5-13). 그래서인지 조선 후기에 와서 몇몇 실학자들의 조석에 대한 기술은 매우 구체적이고 체계적인데, 이 절에서는 위 논문에서 이미 그 대강을 정리한 이들 실학자들의 조석에 대한 기술을 직접 읽고, 그 내용을 '현재의 시각(presentism)'(Stocking 1968: 1-12)에서 보다 구체적으로 검토해 보기로 하겠다.

잘 알려진 대로 기록상 우리나라 최초의 조석표는 고려 후기의 이규보(1168~1241)의 시 한 수("三兎三龍水 三蛇一馬時 羊三猿亦二…")로 전한다고 한다. 한강 하류 조강(祖江)의 조석(특히 만조 시간)을 관찰하여 압축된 시의 형태로 기록한 것이라는데, 이에 대해서는 이미 잘 정리된 보고들(실학자 신경준의 정리에 바탕한 장태진(1969: 98) 및 구만옥(2017: 502-503)과 실학자 정제두의 정리에 바탕한 구만옥(2001: 58-59) 등)이 있으므로, 여기서는 더 이상 기술하지 않기로 하겠다. 그런데 조강은 강화와 개풍 사이에 있는 한강의 끝부분으로 강화도의 북쪽에 위치하는 강(또는 바다)이다.[9]

이제 실학자들의 조석에 대한 기술로 넘어가기로 하겠다. 여기서 검토하고자 하는 대표적인 실학자들의 기술은, 정제두(鄭齊斗, 1649~1736)의 『하곡집(霞谷集)』(권21) 중 "조석설(潮汐說)"과 신경준(申景濬, 1712~1781)의 『여암전서(旅菴全書)』(권9) 중 "사연고(四沿考) 2"의 "조석(潮汐)" 그리고 이규경(李圭景, 1788~?)의 『오주연문장전산고(五洲衍文長箋散稿)』(권53) 중 "조석변증설(潮汐辨證說)"이다. 이 세 학자의 우리 조석에 대한 기술 중 핵심 부분은 바로 보름 주기의 물때 명칭에 대한 것인데, 이를 간명한 표로 정리하면 아래의 <표 7>과 같다.

9) 여기서 사소한 것 한 가지를 첨언하자면, 영국의 경우 월링포드(Wallingford)에 의해 1213년에 런던교에서의 만조 시각 예보가 시작되었다는데(한상복 1988: 66), 위 이규보의 조강에서의 관찰 시기와 비슷한 것 같아 자못 흥미롭다.

<표 7> 실학자들의 물때 기술

일련번호	일자	명칭		
		정제두鄭齊斗	신경준申景濬	이규경李圭景
1	음력 10일, 25일	일수一水	일수애一水挨	이수二水
2	음력 11일, 26일	이수二水	이수애二水挨	삼수三水
3	음력 12일, 27일	삼수三水	삼수애三水挨	사수四水
4	음력 13일. 28일	사수四水	사수애四水挨	오수五水
5	음력 14일, 29일	오수五水	오수애五水挨	육수六水
6	음력 15일, 30일	육수六水	육수애六水挨	칠수七水
7	음력 16일, 1일	칠수七水	칠수애七水挨	팔수八水
8	음력 17일, 2일	팔수八水	팔수애八水挨	구수九水
9	음력 18일, 3일	구수九水	구수애九水挨	십수十水
10	음력 19일, 4일	십수十水	십수애十水挨	일절一折
11	음력 20일, 5일	십일十一	절지折只	이절二折
12	음력 21일, 6일	십이十二	이절지二折只	진절盡折
13	음력 22일, 7일	소현小弦	한절지漢折只	아차조금亞次燥今
14	음력 23일, 8일	현弦	소음少音	초/대조금初/大燥今
15	음력 24일, 9일	수휴水休	수쇠水衰	일수一水

먼저 세 학자 중 시기가 가장 이른 정제두는, 위 표에서 보듯이, 물때를 '한물'(또는 '한매')에서부터 '열두물'까지를 순차적으로 세고, 그 다음에 '소현(小弦)'과 '현(弦)' 그리고 '수휴(水休)'가 오는 것으로 기술한다. 여기서 '현(弦)'은 '조금'을 가리키는 한자 표현일 것이다. 그리고 '수휴(水休)'는 아마도 '물+쉬'> '무쉬'의 차자(借字) 표기일 것 같은데, 오늘날의 '무시'일 것이다. 그러면 마지막 삼일의 물때 명칭은 각기 '작은조금', '조금', '무시'가 된다.

그러면 정제두가 간략하게 제시한 위의 물때 명칭은, 앞의 <표 6>에서 본 서해안 모델의 변이형, 즉 오늘날 전남 완도 지역 일원에서 사용하는 것과 정확히 동일한 것이 될 것이다. 그렇다면 정제두는 왜 그리고 어떤 경로로 이 모델을 그의 글에서 기술하였는지가 흥미로운 질문이 될 것인데, 물론 그 이유와 과정은 알 수가 없다. 막연히 추측하기로는, 해당 지역의 물때 명칭에 대한 기록을 접하고 그것을 참고하였을 가능성이 커 보인다. 정제두는 또 위 글에서 한 달 동안의 월출(月出) 시간과 대조(大潮) 및 소조(小潮)의 변화를 정리하는데, 여기서는 생략하기로 하겠다.

다음은 실학자 중 조석에 대해 가장 정치하고 광범한 기술을 선보이는 신경준이다. 신경준의 기술 내용은 이미 상당 부분 장태진(1969)에 의해 인용되었고, 또 구만옥(2017)은 근래 들어 신경준의 조석설 전반에 대해 포괄적인 정리를 시도하였다.

먼저 신경준이 조석을 바라보는 눈은 넓고 체계적인데, 그는 이 길지 않은 글에서 조석 현상을 세 범주로 나누어 기술하려고 한다. 즉, 하나는 하루 동안의 조석의 특징적 변화인 "一日之內潮汐進退之候"이고, 또 하나는 한 달 동안의 조석의 특징적 변화인 "一月之內潮汐盛衰之候"이고, 마지막 하나는 일 년 동안의 조석의 특징적 변화인 "一年之內潮汐大小之候"이다. 이 글에서 다루는 물때의 명칭체계는, 그의 말을 빌리면, 바로 '일월지내 조석성쇠지후(一月之內潮汐盛衰之候)'에 대한 것이 될 것이다.

이제 위의 <표 7>로 돌아가자. 먼저 그의 기술에서 한 가지 문제가 되는 것은 '수애(水挨)'라는 표현이다. 다른 학자들은 그냥 '일수(一水)' 등과 같은 표현을 썼는데, 그는 왜 '일수애(一水挨)' 등과 같은 표현을 썼을까? 한 사전에는 이를 '무날'로 풀이했으나(『한국한자어사전』 권3), 아무런 근거를 제시하지 않는다. 이 말을 차자 표기로 본다면, 장태진(1969: 107-108)이 시사한 대로 '무새'가 될 수도 있겠다. 즉, '뭀+애'> '물새'> '무새'로의 변화가 가능해 보이기 때문이다. 만약 그것이 '무새'라면, 오늘날의 자료에 의거하여 말하면, 신경준은 일차적인 물때 명칭(가령 사량도의 '한물' 등)이 아니라 물때와 관련한 일자의 명칭(사량도의 '한무샛날' 등)을 기술한 것이 된다. 그런데 신경준은 이 '수애(水挨)'가 차자 표기라는 암시를 전혀 하지 않는다. 그저 "夫水挨挨者推也", 즉 수애(水挨)의 '애(挨)'는 '민다'는 뜻이라고 할 뿐이다. 의혹이 전혀 가시지 않지만, 여기서는 일단 '수애(水挨)'가 다른 학자들의 '수(水)'와 같은 말인 것으로 간주하고 논의를 시작하기로 하겠다.

위 표에서 '육수애(六水挨)' 다음에 또 "號生伊"라고 썼는데, 여기서 '생이(生伊)'는 '살+이'> '사리'의 차자 표기일 것이다. 그는 이 '사리'에 대해 "生伊者水盡生而極盛也"라고 하여, (단순한 '육수애(六水挨)'를 넘어) 그것의 정확한 의미를 또 기술한다.

20일과 5일의 '절지(折只)'는 '젓기'> '걱기'의 차자 표기일 것이다. 이 '걱기'에 대해서도 "折只者水折而減也"라고 하여, 그 정확한 의미를 기술한다. 그러면 21일과 6일의 '이절지(二折只)'는 '두걱기'일 것이고, 22일과 7일의 '한절지(漢折只)'는 (그가 "方言謂大曰漢"이라는 주를 붙이듯이) 크다는 뜻의 '한걱기'일 것이다.

23일과 8일의 '소음(少音)'은 '죡+음'> '죠금> '조금'의 차자 표기일 것이다. (그는 또 "月弦曰少音"이라는 주도 붙인다.) 이 '조금'에 대해서도 의미 기술을 덧붙이는데, 곧 "少音者水極少也"라고 하였다.

마지막 24일과 9일의 '수쇠(水衰)'는 '물+쇠'> '무쇠'의 차자 표기일 것이다. 곧, 오늘날의 '무시' 또는 '무수'이다. (그런데 자신이 생각하는 이 명칭의 원 뜻에 맞추어 일부러 '쇠(衰)' 자를 썼을 가능성

도 있어 보인다.) 이 '무시'에 대해서도 그는 "水衰者水極衰也"라는 의미 기술을 덧붙인다.[10]

그러면 여기서 일단 논의를 멈추고, 신경준이 기술하는 물때 명칭, 즉 '한물'(또는 '한매')에서 '열물'까지를 순차적으로 세고, 다음에 '걱기'와 '두걱기', '한걱기'가 오고, 마지막으로 '조금'과 '무시'가 오는 이 명칭체계는 어느 지역의 것일까? 일견(一見) 서해안 모델의 대표형(곧, 강화도 및 조도의 것)과 가까운 것으로 보이는데, 22일과 7일을 '아치조금' 대신에 '한걱기'로 쓴 데서 차이가 날 것이다. (그런데 '아치조금'을 쓰지 않는 것으로 기술한 부분은, 앞의 <표 6> 상의 네 지역 유형과 위 <표 7> 상의 다른 두 학자의 기술에 비추어보면, 결코 간단하지 않은 예외로 생각할 수도 있을 것이다.) 그러나 대체로 말하면, 오늘날 서해안 일대에서 쓰는 서해안 모델을 기술한 것으로 보아도 아마도 무방할 것 같다.

그런데 장태진의 보고를 참조하면(1969: 102), 영산강 하구 두 곳(구산리와 와우리)의 물때 명칭이 아주 미세한 표현 형태상의 차이를 제외하면, 이 신경준의 기술과 정확히 일치하는 것으로 나타난다. 아마도 장태진도 이 사실을 파악한 것 같은데(1969: 110), 만일 이 두 곳의 보고가 정확한 것이라면, 신경준의 기술과 똑같은 물때의 명칭체계가 영산강 하구 지역에서 오늘날까지 사용되어 온 것이 될 것이다. 그러나 이 경우 신경준은 어떻게 하여 (오늘날을 기준으로 하면) 영산강 하구의 명칭체계를 그의 글에서 채택 기술하였는지 라는, 그 답을 쉬이 찾기 어려운 문제가 또 남을 것이다.

---

10) 여기서 한 가지만 첨언한다면, 위의 '사리(生伊)'와 '걱기(折只)'에 대한 '우수한' 의미 규정과는 달리, '조금(少音)'에 대한 의미 규정은 조금 부족한데, 그것은 아마도 '조금'을 '무시(水衰)'와 동일 수준에서 구분 지으려 한 데서 만들어졌을 것이다. '조금'에 대한 이 '불충분한' 의미 규정은, 그의 물때 명칭에 대한 기술에서 아쉬운 부분으로 남을 것이다.

위에서 보듯이 신경준은 물때와 관련되는 고유 또는 일상 표현을 차자 표기에 의해 정확히 기술하려는, 다른 학자들과는 구분되는 태도를 지녔던 것 같다. 그리하여 위의 명칭들 외에도 다른 표현들이 그의 글 속에 들어 있는데, 대체로 다음의 것이다.

먼저 ‘참(站)’과 ‘변음(邊音)’은 “方言稱潮汐極漲之時曰站…盡退之時曰邊音”이라고 표현되는데, 여기서 만조를 가리키는 ‘참(站)’은 음 그대로 ‘참’이고, 간조를 가리키는 ‘변음(邊音)’은 ‘감’의 차자 표기일 것이다(‘감’은 대체로 ‘ᄀᆞᄋᆞᆷ’> ‘ᄀᆞᆷ’> ‘감’의 변화를 거쳤을 것임). 강화도에서는 지금도 만조와 간조를 그냥 ‘참’과 ‘감’으로 부른다.

다음으로 ‘수퇴(水推)’는 “方言稱水進曰水推 謂水漸盛也”라고 표현되는데, 물이 나아가는 것을 가리키므로 아마도 ‘밀물’의 차자 표기일 것 같다. 그러나 그 짝이 되는 ‘썰물’에 대해서는 아무런 언급이 없다.

다음으로 ‘사리’의 여러 명칭들이 나오는데, 먼저 ‘강생이(强生伊)’(“夫强者大也”)는 ‘센사리’의 차자 표기일 것이다. 오늘날 강화도와 조도에서는 이를 각각 ‘신사리’와 ‘신살’로 부른다. 이에 대조되는 말은 ‘편생이(片生伊)’(“片者小也”)인데, 이는 ‘뽁사리’> ‘쪽사리’의 차자 표기일 것이다. 강화도와 조도에서는 각기 ‘쪽사리’와 ‘족살’로 부른다. 또 하나는 ‘왜생이(倭生伊)’(“倭者尤大也”)인데, 이는 말 그대로 ‘왜사리’일 것이다. 오늘날 일부 지역에서 ‘센사리’와 같은 뜻으로 쓰는데, ‘애사리’(부안 곰소만), ‘왜사리’ 또는 ‘왜살’(금당도)과 같은 형태로 나타난다.

또 다른 사리 두 가지가 이어서 나오는데, ‘회생이(晦生伊)’와 ‘망생이(望生伊)’가 그것이다. 여기서 ‘회(晦)’와 ‘망(望)’은 각기 ‘그믐’과 ‘보름’을 가리키는 한자어이므로, 이 두 말은 ‘그믐사리’와 ‘보름

사리'가 된다. 강화도에서는 이를 '그뭄사리'와 '보름사리'로 부르며, 조도에서는 '금살'과 '보름살'로 부르고, 그리고 사량도에서는 '그뭄씨'와 '보름씨'로 부른다.

마지막으로 물이 밀려오는 형세에 대한 두 가지 표현이 또 있다. 하나는 "水勢有平演漸次而進者 謂之臥潮"이고, 다른 하나는 "有屹立數十丈如張素帷而來者 謂之立潮"이다. 다시 말해 '와조(臥潮)'는 '물이 평평하게 펼쳐져 점차 밀려오는 것'이고, '입조(立潮)'는 '수십 장 높이로 흰 장막을 펼쳐 놓은 것처럼 해서 오는 것'이다. 쉽게 앞의 것은 '누운 물'이고 뒤의 것은 '선 물'이겠으나, 필자는 아직까지 이와 유사한 표현을 듣지 못하였고 다른 보고에서도 읽지 못하였다.

신경준은 또 위의 '센사리(强生伊)'와 '쪽사리(片生伊)' 그리고 '왜사리(倭生伊)'가 일 년 중 분포하는 시기와, 그리고 '그믐사리(晦生伊)'와 '보름사리(望生伊)'가 시기에 따라 바닷물이 많고 적음을 기술하는데, 이것이 바로 그의 '일년지내 조석대소지후(一年之內潮汐大小之候)'의 중심 내용이 된다. 그런데 그 구체적 내용은 장태진(1969: 118-119)과 구만옥(2017: 506-507)에 의해 이미 잘 정리되었으므로, 여기서는 생략하기로 하겠다.[11]

마지막으로 신경준은 조석을 바라보는 그의 넓고 체계적인 시각을 다시 한 번 보여주는데, 곧 그는 한국의 일반적인 그러나 매우 중요한 조석 현상 두 가지를 기술한다.

---

11) 그런데 여기서의 이 기술이 어느 정도 타당한지에 대한 검토는 지금까지 없었던 것 같다. 물때에 대한 지금까지의 연구에서 일 년 단위의 조석 변화에 대한 기술은 조숙정의 보고(2014: 245-248)가 아마도 유일할 터인데, 그러나 실제의 기술 내용은 기대만큼 특이한 것은 없다. 우리 어민들이 이 영역에 대한 민간 지식을 그리 잘 발달시켜 오지 않은 것인지, 아니면 (필자를 포함한) 연구자들이 그러한 지식을 찾아낼 수 있는 배경 지식을 미처 갖추지 못한 것인지의 여부는 분명하지 않다. 여하튼 앞으로의 물때에 대한 연구에서, 일 년 단위의 바닷물의 주기적 변화에 대한 보다 깊이 있는 작업이 필요할 뿐 아니라, 이 신경준이 기술한 내용에 대한 타당성 여부를 검증하는 작업도 필요할 것으로 생각된다.

한 가지는 조석의 변화가 일어나는 시간이 지역에 따라 다르다는 것으로, 그는 “祖江近處 皆不違此時 而湖西差早於京畿 湖南差早於湖西”라고 정리한다. 즉, (만조가 일어나는 시간이)조강 인근의 지역은 자신이 (조강에 대해) 정리한 것과 다르지 않지만, 호서 지역은 (조강이 있는) 경기 지역보다 빠르고, 호남 지역은 호서 지역보다 더 빠르다는 것이다. 이는 당연한 사실로, 태평양으로부터 한국 해안으로 오는 중심 조석파가 남해안을 거쳐 서해안으로 올라오기 때문에, 서해안에서는 조석의 변화가 남쪽에서부터 먼저 일어날 것이다. 그런데 이 조석 변화의 시간차에 대한 사실은 아마도 일찍부터 잘 알려졌을 것으로 짐작된다.

또 한 가지는 서해안과 남해안 그리고 동해안에서 일어나는 조석의 유무 및 정도 차에 대한 것이다. 그는 “我國惟西南海有潮汐 而至靈岩之葛頭山東有異 至嶺南之金海遂微 蔚山以後東海全無焉”이라고 기술하는데, 즉 우리나라는 서해와 남해에만 조석이 있고, 영암의 갈두산 동쪽에 이르면 그 차이가 나타나기 시작해서, 영남의 김해에 이르면 그것이 미약해지고, 울산 이북의 동해에는 조석이 전혀 없다는 것이다. 물론 이 사실은 오늘날의 과학적인 관측 결과로써도 잘 증명되는 것인데(이석우 1992: 181, 185-186, 189-201, 2004: 238-239, 244-245),[12] 짐작컨대 이 일반적인 사실도 비교적 일찍부터 널리 알려졌을 것으로 보인다.

다음은 시기상으로 가장 늦은 이규경의 차례이다. 이규경은 물때

12) 여기서 신경준의 기술을 좇아 해당되는 몇 지역의 “대조차”(이는 ‘M2분조(주태음 반일주조)와 S2분조(주태양 반일주조)가 겹쳤을 때의 조차’를 가리킴)를 들면, 인천 및 아산은 8m, 덕적도는 7m, 군산은 6m, 목포 외해는 4m, 서해안 남부는 3m이고, 완도 및 여수도 3m, 통영은 2.4m, 부산은 1.2m이며, 울산은 0.6m이고 그 이북의 동해안은 0.3m 이내이다(이석우 1992: 181, 186, 2004: 238).

에 대한 기술에서 생략하여 서술하는 부분이 있는데, 이를 복원하여 정리하면 위의 <표 7>과 같다.

먼저 9일은 '일수(一水)'인데 "名曰滿無息ㄱ무숨날"이라고 하였다. 아마도 '무숨'을 '숨이 없는 것'으로 해석하여, 'ㄱ무숨날'을 한자로는 '만무식(滿無息)'으로 적은 것 같다. 그런데 놀랍게도 이 고유 표현 'ㄱ무숨날'의 흔적을 찾아 볼 수 있는데, 영산강 하구의 와우리에서 9일과 24일을 '무새' 또는 '게무심'으로 부른다는 보고(장태진 1969: 102)가 있고, 제주도의 용수리에서도 9일과 24일을 '게무슴'으로 부른다는 보고(김영돈 등 1986: 232-233)가 있다. 아마도 『오주연문장전산고』의 집필 당시에는 이 말이 보다 널리 쓰인 것이 아닌가 추측해 본다.

그리고 24일도 '일수(一水)'인데, 여기에는 "俗稱死日 亦云無數"라고 하였다. '사일(死日)'은 그런 정형화된 표현은 듣지 못하였지만 의미상 '물이 죽는 날'일 것이고, '무수(無數)'는 '무수' 또는 '무시'의 음차(音借)일 것이다. 그런데 9일과 24일이 '일수(一水)' 즉 '한물'이면서, 9일이 'ㄱ무숨날'이 되고 24일은 '무수'가 되는 것은 문제가 있는 것 같다. 이에 대해서는 다시 논의하기로 하겠다.

19일과 4일은 '일절(一折)다걱기'로 되어 있는데(원전에는 20일로 되어 있으나 19일의 착오일 것임), 여기서 '절(折)'은 '걱기'의 한자 표기일 것이다. 그런데 '일절(一折)'을 '다걱기'로 표기한 것은 아마도 '한걱기'의 착오인 것으로 보인다. 강화도의 예처럼 '한게끼' 다음이 '다게끼'가 되든지, 아니면 21일과 6일의 '진절(盡折)'이 말 그대로 하면 '다걱기'가 되어야 할 것이기 때문이다.

다음으로 이규경은 8일은 '초조금(初燥今)'으로 그리고 23일은 '대조금(大燥今)'으로 구분지어 표기한다. 상현(上弦)을 '첫조금' 그리고 하현(下弦)을 '훗조금'으로 부르는 데서, '초조금(初燥今)'(곧, '첫조금')의 표현을 썼을 것이다. 그리고 여기서의 '대조금(大燥今)'은 '한조금'일 것이고, 하루 전날인 22일과 7일의 '아차조금(亞次燥今)'은 오늘날의 '아치조금'이 될 것이다.

또 이 글에는 "六水及七八極大漲 謂之澌"라는 표현이 있는데, 여기서 '사(澌)'만으로 '사리'를 가리키기보다 아마도 '리'에 해당하는 글자가 빠진 탈자(脫字)로 보인다. 어쨌든 '육수(六水)'와 '칠수(七水)', '팔수(八水)'를 합쳐 '사리'로 부른다는 것이 될 터인데, 여기서 표면적으로는 '육수애(六水挨)' 하루만이 '사리'인 것 같이 기술한 신경준보다는 좀 더 진전된 부분이 될 것이다.

이 이규경의 물때 기술은 9일과 24일에 '일수(一水)' 즉 '한물'이 시작됨으로써, 물때를 하루 빨리 세는 남해안 모델인 것처럼 보이지만, '수사+물'의 형태가 '십수(十水)' 즉 '열물'로써 끝나고 다음에는 '일절(一折)', '이절(二折)', '진절(盡折)', '아차조금(亞次燥今)', '초/대조금(初/大燥今)'으로 이어진다. 그런데 앞의 <표 1> 및 <표 6>에서 보듯이, '게끼'를 많이 쓰는 서해안 모델의 대표형에서도 '게끼'는 두 번만 쓴다. 앞에서 신경준의 기술 모델일 수 있다고 추정한 영산강 하구의 두 마을에서 '게끼'를 세 번 쓰는 드문 예가 있기는 하지만(장태진 1969: 101-102), 거기서는 '열물' 다음에 '초게끼', '두게끼', '게끼'를 쓰고 그 다음에는 (한 번의) '조금'과 '무새'가 온다. 그러나 물때의 시작일은 어디까지나 10일과 25일이다.

그리고 앞서도 언급하였듯이, '한물'을 또 '무수'로 부르는 곳은 우리의 자료에는 없었다. 그러나 장태진의 보고에는 거문도와 여천군 남면에서 '한물'과 '무수'를 같이 쓰는 것으로 나와 있는데(1969: 102, 104), 여천군 남면의 자료는 신뢰성이 많이 떨어지는 것으로 보인다.

결국 이규경이 기술하는 물때의 명칭은, 일견 남해안 모델인 것처럼 보이나 정확한 남해안 모델은 아닐 것이다. 아마도 이규경 자신은 물때의 시작일이 하루 빠른 남해안 모델을 기술하려고 한 것 같으나, 서해안 모델의 명칭이 부분적으로 섞인 것 같다. 따라서 이 물때 명칭은 다소간 '부정확한' 기술이라는 것이 필자의 판단이다.

그런데 『오주연문장전산고』의 기술이 빛을 발하는 부분은 이 글의 뒷부분인, 한국의 네 표본 지역의 물때 시작일과 간만 시간을 서술하는 부분인 것 같다. 즉, 이규경은 통영해(統營海)와 득량해(得良海, 득량도는 전남 고흥군 도양읍의 섬으로 보성만 안에 위치함), 갈두해(葛頭海, 전남 영암의 갈두산 앞 바다를 가리키는 것 같음), 그리고 호남 모도해(茅島海, 모도는 진도군 의신면의 섬으로 진도의 바로 동남쪽에 위치함)의 물때 시작일과 간만 시간을 정리하는데, 여기서는 물때 시작일만 보기로 하자. 통영해와 득량해는 9일이 '일수(一水)'이고, 갈두해에 대한 기술은 없고, 모도해는 10일이 '일수(一水)'인데, "自此至海西 皆初十爲一水也", 즉 여기서 해서(황해도) 지방까지 모두가 10일이 '일수(一水)'라고 기술한다.

이 물때 시작일에 대한 기술은 매우 정확한데, 통영은 앞서 보았듯이 남해안 모델이 적용되는 중심 지역이고, 진도 지역은 서해안 모델이 서쪽에서 적용되는 시발점 정도 되는 곳으로, 이 모델은 서해안 일대에 일관되게 분포한다. 아마도 이규경의 기술대로 황해도까지도 마찬가지였던 것 같다. 가장 흥미로운 부분은 득량해인데, 득량도는 앞서 언급한 (완도군) 금당도의 북쪽에 위치한, 보성만 한가운데에 있는 작은 섬이다. 앞의 <지도 1>에서 보았듯이, 바로 이 득량도의 남쪽에서 물때의 시작일이 하루 늦고 하루 빠른 서해안 모델과 남해안 모델이 나뉘고, 득량도는 남해안 모델의 최전방에 있는 셈이 된다.

한 마디로 서해안 모델과 남해안 모델이 나뉘는 경계선 근처에 있는, 득량해에 대한 정확한 물때 시작일의 기술은, 오늘날 발견되는 두 모델의 구분 방식이 당시에도 똑같았을 뿐 아니라, 이 사실이 당시에 이미 잘 알려져 있었음을 뚜렷이 반영할 것이다.

이상으로 정제두, 신경준, 이규경 세 실학자의 우리 조석의 '이른' 기술에 대한 일차적인 검토를 마치기로 하겠다. 그런데 이 세 실학자의 조석에 대한 기술은 전반적으로 어떻게 보아야 할까? 이 질문은 두 가지로 나누어 볼 수 있을 것이다. 하나는 이들의 우리 조석 현상 전반에 대한 기술이고, 다른 하나는 이들이 비교적 자세히 기술한 물때 명칭에 대한 기술이다.

먼저 첫 질문에 대한 답은, 평가의 어떤 절대적인 기준이 있는 것이 아니므로, 대체적이고 일정 부분 주관적일 것이다. 그런데 필자가 보기로는, 이 실학자들은 우리 해안에서 일어나는 중요한 조석 현상의 대강을 이미 잘 파악하고 있었던 것으로 보인다. 대표적으로 신경준의 서·남·동해안에서의 조석의 유무 및 그것의 정도 차이에 대한 기술이라든지, 또 서해안에서 지역에 따른 조석 변화 시간의 차이에 대한 기술 등이 그러한 예일 것이다. 여기에 이규경의 서해안과 남해안의 물때 일자의 차이에 대한 보다 '전문적인' 기술도 포함될 수 있을 것이다. 아마도 짐작컨대 당시까지 한반도의 조석 현상에 대한 제법 많은 기록들이 축적되었고, 이를 이 학자들이 분석적으로 정리 이해한 것이 아닌가 한다.

그런데 위의 세 학자 중 우리 조석에 대해 가장 뛰어난 기술을 이룬 사람은 당연히 신경준일 것이다. 전반적으로 그의 기술은 구체성과 명료성을 함께 가지는 것으로 보이는데, 특히 그는 많은 물때 관련 고유 표현을 차자 표기 방식으로 정확히 기술 전달하려고 노력한 것 같다. 나아가 조석에 관한 기술의 영역을 '하루 동안의 조석의 특징적 변화'와 '한 달 동안의 조석의 특징적 변화' 그리고 '일 년 동안의 조석의 특징적 변화'라는 세 영역으로 나누어 본 것은, 다른 사람들과는 구분되는, 분명 그의 '학자'로서의 면모를 잘 보여 주는 부분이 될 것이다.

그러면 위에서 중점적으로 정리한 이 세 실학자의 물때 명칭에 대한 기술은 어떻게 보아야 할까? 일단은 각 시대의, 물론 그것의 사용 지역은 명확하지 않지만, 당시 사용되던 물때 명칭의 유형을 각기 기술한 것으로 보아야 할 것이다. (물론 이규경의 경우 다소간 부정확해 보이는 부분이 있기는 하다.) 그러면 이 세 학자의 생존 연대로 미루어 보아, 앞의 <표 7>에서 정리한 것은, 대체로 18세기 초반(정제두)과 18세기 후반(신경준) 그리고 19세기 초중반 경(이규경)의 물때 명칭에 대한 기록이 될 것이다.

그런데 이 세 학자가 기술한 물때 명칭을 전체로 보면, 그것은 앞의 <표 6>으로 정리한 오늘날의 물때 명칭과 사실상 같을 것이다. 즉, '한물'부터 '열물' 또는 '열두물'까지를 순차적으로 세고, 나머지 일자는 (오늘날의 표현으로) '게끼'와 '조금' 그리고 '무시'의 배합으로 이루어진다. 달리 말하면 오늘날과 똑같이 '수사+물' 형태를 열 번 또는 그 이상 세고, 나머지 일자에는 또 오늘날 쓰는 것과 똑같은 특수한 '명사형' 어휘를 사용하는 것이다. 결국 오늘날 지역별로 달리 쓰는 네 유형이나 이 실학자들이 기술한 세 유형 모두가 동일 구조로 이루어지는데, 단 동일한 틀 내에서 소수의 구성 항목을 달리 선택 배열함으로써 개별 유형 간의 차이가 만들어지는 것이다.

그러면 오늘날 우리 어촌사회에서 사용하는 물때 명칭이 대체로 말해 200~300여 년 전의 시기에도 똑같이 사용되었다는 말이 될 것인데, 아마도 이 물때 명칭의 형성 시기는, 그 시점은 정확히 알 수 없지만, 역사적으로 훨씬 더 소급해 올라갈 것이다.[13] 따라서 앞의 제 2절 및 3절에서 기술한 오늘날 사용되는 물때의 명칭체계는 상당히 긴 연원을 가진 정교하고도 체계적인 민간 지식으로 보아야 할 것이다.

이 절을 마치기 전에 또 다른 실학자였던 유희(柳僖, 1773~1837)의 『물명고(物名考)』에 나오는 물때 관련 어휘를 간단히 살펴보기로 하겠다.

비슷한 시기에 나온 같은 계통의 책인 저자 미상의 『광재물보(廣才物譜)』(권1, "지도부(地道部)", "해(海)")에는, '대기(大起)'를 "每月十五日三十日二次 ᄉᆞ리"로 풀이하면서 '상안(上岸)'과 같은 말로 본다. 또 '소신(小汛)'은 "每月初八日二十三日二次 죠금"으로 풀이하면서 '하안(下岸)'과 같은 말로 본다.

그러나 유희의 『물명고』(권5, "부정류(不靜類)", "수(水)")에서는 이 네 어휘를 각기 다른 것으로 다음과 같이 풀이한다.

소신(小汛): "每月上下弦 潮極縮細 무쉬"
상안(上岸): "二弦之後 漸漲漸大 ᄒᆞᆫ물두물부텀"
대기(大起): "每月朔望 潮極漲大 한ᄉᆞ리"
하안(下岸): "朔望之后 漸縮漸細 아홉물열물부텀"

---

13) 한 보고에 의하면 15세기 초의 기록, 즉 『태종실록(太宗實錄)』(1413년(태종 13) 8월 10일)에도 이미 '육수(六水)'와 '십수(十水)' 같은 표현이 나온다고 한다(이건식 2013: 234). 그러나 짐작으로는 아마도 이보다 더 이전의 시기에 우리 물때의 명칭체계가 만들어졌을 것 같다.

먼저 '상안(上岸)'을 보자. 그 일자는 '이현지후(二弦之後)'인데, 바닷물의 특성은 '점창점대(漸張漸大)'이다. 그리하여 유희는 이에 해당하는 우리말 어휘가 없다고 보아, 'ᄒᆞᆫ물두물부텀'이라는 서술적 표현으로 그 대략적 물때를 적는다. 마찬가지로 '하안(下岸)'은, 일자는 '삭망지후(朔望之后)'이고 바닷물의 특성은 '점축점세(漸縮漸細)'이다. 유희는 이에 해당하는 우리말 어휘도 없다고 생각하여, 서술적 표현인 '아홉물열물부텀'으로 그 뜻을 대신한다.

그러면 여기서의 '상안(上岸)'과 '하안(下岸)'은 무엇일까? 그것은 개별 일자의 물때 명칭이 아니라 그것의 상위범주, 즉 '바닷물의 상태'가 유사한 날들을 묶어 부르는 앞의 <표 2> 및 <표 3>에서의 단계 Ⅱ의 명칭들이 될 것이다. 말할 것도 없이 '상안(上岸)'은 우리 어촌사회에서 부르는 '산김', '산짐때', '산물'에 해당하고, '하안(下岸)'은 '걲음', '게끼질', '질물'에 해당할 것이다. 그러면 유희는 이 두 표현이 개별 일자가 아니라 바닷물이 비슷한 복수의 날들을 묶어 부르는 말이라는 사실은 이해하였으나, 우리 어촌에서 쓰던 '산김'이나 '걲음'과 같은 어휘는 미처 몰랐던 것이 될 것이다.

그러면 위의 '소신(小汛)'과 '대기(大起)'도 쉽게 이해할 수 있겠다. 먼저 '소신(小汛)'은 바닷물이 '조극축세(潮極縮細)'한 것이므로, 그 일자는 정확히는 '매월 상하현(上下弦) 경'이 되어야 할 것이다. 따라서 그것에 해당하는 우리말은 '무쉬'가 아니라, (물때의) 보다 큰 범주인 '죠금'이 선택되었어야 할 것이다. '대기(大起)'도 바닷물이 '조극창대(潮極漲大)'한 것이므로, 그 일자는 '매월 삭망(朔望) 경'이 되어야 할 것이다. 그리고 그것에 해당하는 우리말 '한ᄉᆞ리'는, 삭망이라는 특정 일자가 아니라 삭망을 포함하는 보다 넓은 범주를 가리키는 말로 이해되어야 할 것이다.

결국 『광재물보』의 저자는 '상안(上岸)'과 '하안(下岸)'의 분명한 뜻을 몰랐고, 현대적으로 말하면 뛰어난 어휘기술지(lexicography) 학자인 유희는, '상안(上岸)'과 '하안(下岸)'이 '대기(大起)' 및 '소신(小汛)'과는 각기 구분되는 다른 말이라는 것은 알았으나, 이 네 (민속 분류법상의) 중간 범주의 정확한 구분을 하지 못한 셈이 될 것이다. 더욱이 그가 이 네 단어를 배열하는 데서, 바닷물의 순환적 변화 단계(즉, '소신'-->'상안'-->'대기'-->'하안')에 맞추어 그것을 배열하면서도 말이다.[14)]

5. 나가는 말: 과학적 연구의 필요성과 '변화'의 문제

이 연구를 진행하면서 크게 아쉬웠던 부분은, 이 전통적 물때 체계를 현대 과학적 지식에 의거하여 검증 이해하려는 관련 분야에서의 노력이 사실상 없었던 것 같다는 점이었다. 가령 해양학이나 지리학의 영역에서, 우리 어촌사회에서 조석이라는 자연 현상을 토착적으로 이해하려 한 물때 체계가 잘 발달해 있다는 사실은 알면서도, 그 관심은 특정 지역에서의 과거의 '조수표'나 전통적인 물때의 명칭을 피상적으로 예시하는 선에서 그치고(이석우 2004: 241; 권혁재 2005: 310, 2003: 105 등), 더 이상은 나아가지 않은 것 같다.

말할 것도 없이 과학적 접근이라는 문화 외적 시각(etic point of

---

14) 사실은 신경준도 당시 중국에서 쓰던 '하안(下岸)'의 뜻을 잘 몰랐던 것 같다. 구만옥에 의하면, 그의 "사연고(四沿考) 2" 중 "중국 조석(中國潮汐)"에서, 그는 '수기(水起)'와 '대신(大汛)'을 같은 말로 보고 '하안(下岸)'과 '소신(小汛)'을 같은 말로 보아, 조석의 보름 주기에서 전자가 7일 후자가 7일인 것으로 기술한다고 한다(2017: 512).
그런데 이 '하안(下岸)'은 훨씬 전인 남송(南宋) 시대 오자목(吳自牧)의 『몽양록(夢粱錄)』에서 이미 다음과 같은 표현이 있다고 한다. 즉, "若以每月初五 二十日 此四日則下岸 其潮自此日則漸漸小矣. 以初十 二十五日 其潮交澤起水 則潮漸漸大矣."(허성도 교수 제공)

view)에서 이 전통적인 민간 지식의 타당성과 유용성을 분석적으로 검토하고, 나아가 그 안에 담긴 문화 내적 시각에서의 특성들을 함께 비교할 때에, 비로소 이 물때 체계의 숨겨진 의미와 실용적 가치 그리고 인식론적 특성 등이 드러날 수 있을 것이다. 그러나 안타깝게도 필자가 읽은 한에는, 해양물리학이나 자연지리학의 영역에서 그러한 학술적 시도는 지금껏 없었던 것으로 보인다. 그리하여 전래의 이 특이한 지식체계(knowledge system)의 본질과 위상에 대한 적절한 이해와 합당한 평가는 아직 우리의 손에서 멀리 벗어나 있을 것이다.

20세기 후반 이래 한국 사회는 사회 전체적으로 급격한 변화를 겪어 왔고, 우리 어촌사회도 똑같이 급격한 변화를 겪어 왔다. 이 변화 과정에서 어선과 어구, 어법 등과 같은 기본적인 생산수단도 현저히 바뀌어 왔는데, 그 결과 오늘날은 이전의 시기보다 물때에 대한 전통적 지식에 상대적으로 덜 의존하는 어로환경으로 바뀌어 온 것 같다. 뿐만 아니라 활자화된 조석표가 널리 보급됨으로써, 젊은 세대의 어민들은 '구술의 기억'에서 단순히 '찾아 읽는' 것으로 물때의 인식 과정이 점차 바뀌고 있는 것으로 보인다. 달리 말하여 적어도 이 물때의 영역에서는, 우리 어촌사회가 구술 중심(orality)에서 문해(文解) 중심(literacy)으로 최근 들어 바뀌고 있는 셈이 될 것이다.

그런데 이 새로운 지식의 원천인 조석표는 그 내용에서 상당한 문제가 있는 것으로 나타난다. 관련되는 두 사례를 간단히 들어 보기로 하겠다.

먼저 전북 부안의 곰소만에서 보고된 사례인데(조숙정 2014: 220-225), 여기서는 '부안수산업협동조합'과 '남부안농업협동조합'에서 각기 만들어 배포한 조석표가 든 달력을 집집마다 이용하고 있다고 한다. 아래의 <표 8>은 이 지역에서 사용해 온 전통적인 물때 명칭과, 두 달력의 조석표에 기재된 물때 명칭을 같이 정리한 것이다(2014: 211, 221).

<표 8> 부안 곰소만 지역의 달력 조석표

일련 번호	일자	물때 명칭		
		전통적 유형	부안수협 달력	남부안농협 달력
1	음력 10일, 25일	한마	1물	1물
2	음력 11일, 26일	두마	2물	2물
3	음력 12일, 27일	서마	3물	3물
4	음력 13일. 28일	너마	4물	4물
5	음력 14일, 29일	다섯마	5물	5물
6	음력 15일, 30일	여섯마	6물	6물
7	음력 16일, 1일	일곱마	7물	7물
8	음력 17일, 2일	야닯마	8물	8물
9	음력 18일, 3일	아홉마	9물	9물
10	음력 19일, 4일	열마	10물	10물
11	음력 20일, 5일	한게끼	11물	11물
12	음력 21일, 6일	대게끼	한객기	12물
13	음력 22일, 7일	아침조곰	대객기	13물
14	음력 23일, 8일	한조곰	조금	조금
15	음력 24일, 9일	무심	무쉬	무쉬

위 표에서 이곳의 전통적인 물때 명칭은 전형적인 서해안 모델에 해당할 것이다. 단, '-매' 대신에 '-마'를 쓰고 약간의 방언형이 나타날 뿐이다. 그런데 두 달력상의 조석표는 이와는 전혀 다른 새로운 것이다. 그런데 이곳 조사지에서 오늘날 사용되는 물때의 명칭은, 위의 전통적 유형과 위 달력상의 두 종류가 약간의 방언 표현으로 바뀌어 함께 사용된다고 한다. 더욱 놀라운 사실은 "일상대화에서…

가장 흔히 사용되는 것으로 관찰"되는 것은, 위 '남부안농협' 달력상의 명칭이라고 한다(조숙정 2014: 211). 생각보다 빠른 물때 명칭의 변화가 현재 조사지에서 진행 중에 있고, 놀랍게도 달력 조석표가 그 변화를 이끄는 주도적 변인이 되고 있는 것이다.

그런데 문제는 위 달력상의 두 가지 조석표는 조사지 인근 지역에서 사용되던 것도 아니고, 우리가 앞에서 기술한 대로 전국 어디서도 사용되는 것이 아니다. 한 마디로 아무런 전거(典據)가 없는 '가공의' 물때 명칭인데, 이 가공의 물때 조석표가 젊은 세대를 중심으로 이렇게 엄청난 영향을 미치고 있는 것이다. 이는 한 마디로, 지어낸 '가짜 지식(fake knowledge)'이 "고유의 물때 명칭…체계를 교란시키고 일상적 언어 사용에 [중대한] 변화를 초래"하는(조숙정 2014: 220), 상상을 뛰어넘는 실제의 예일 것이다. 그런데 이 곰소만 사례로 미루어 보면, 이처럼 '가짜 지식'으로 만들어진 조석표가 일상적으로 보급 사용되고 있는 지역이 비단 이곳 한 지역으로만 한정되지는 않을 것 같다.[15]

오늘날 전국적으로 제공되는 가장 대표적이고 중요한 조석표는 국립해양조사원의 '스마트조석예보'일 것이다. 그런데 이 '스마트조석예보'에서는 세 다른 유형의 물때 명칭을 동시에 보여 준다. 아래의 <표 9>가 바로 국립해양조사원이 제공하는 물때 명칭의 전체 목록이다.

15) 조숙정은 같은 논문에서 이 명칭상의 변화뿐 아니라, 물때 구분법의 면에서도 세대 간에 일어나고 있는 변화의 양상을 자세히 기술한다(2014: 234-237, 242-245). 우리 물때 체계의 '현재 진행 중인 변화(change in progress)'와 관련하여 귀한 민족지적 보고가 될 것이다.

<표 9> 국립해양조사원의 조석표 (‘스마트조석예보’)

일련 번호	일자	물때 명칭		
		일반적물때식	7물때식	8물때식
1	음력 10일, 25일	한조금	한매	두물
2	음력 11일, 26일	한매	두매	세물
3	음력 12일, 27일	두매	세매	네물
4	음력 13일. 28일	무릎사리	네매	다섯물
5	음력 14일, 29일	배꼽사리	다섯매	여섯물
6	음력 15일, 30일	가슴사리	여섯매	일곱물
7	음력 16일, 1일	턱사리	일곱매	여덟물
8	음력 17일, 2일	한사리	여덟매	아홉물
9	음력 18일, 3일	목사리	아홉매	열물
10	음력 19일, 4일	어깨사리	열매	열한물
11	음력 20일, 5일	허리사리	한꺽기	열두물
12	음력 21일, 6일	한꺽기	두꺾기	열셋물
13	음력 22일, 7일	두꺽기	아조	열넷물
14	음력 23일, 8일	선조금	조금	조금
15	음력 24일, 9일	앉은조금	무시	한물

위 표에서 먼저 ‘7물때식’이라고 구분한 것은 앞에서 검토한 ‘서해안 모델’을 가리키는데, 그 아래의 개별 명칭들을 보면 서해안 모델 중 우리가 (서해안 일대에서 사용되는) 대표형으로 부른 것임을 알 수 있다. 위 명칭들에서 별달리 문제 될 것은 없는데, 단 ‘아치조금’ 또는 ‘아침조금’을 ‘아조’라는 줄임말로 표기한 것 같다. 그러나 굳이 인위적인 줄임말을 새로 만들어 쓸 필요가 있었을까 하는 의문이 남는다.

다음으로 ‘8물때식’이라고 구분한 것은 ‘남해안 모델’을 가리킨다. 그런데 그 아래의 명칭들을 보면, 남해안 모델 중 이른바 (경남 남해안에서 사용되는) 대표형임을 알 수 있다. 그런데 여기서 ‘열넷물’이라는 명칭의 사용은 좀 문제가 될 수 있을 것이다. 물론 앞의 <표 4>에서 보듯이, 사량도에서도 '열너물'도 쓰고 '아침조금'도 쓴다. 그러나 경남 남해안 일원에서는 '아침조금'(또는 그 변이형)을 더 많이 쓰는 듯하고, 더욱이 앞의 <표 6>에서 보았듯이 '아침조금'과 '조금'은 전국적으로 같은 날짜에 빠짐없이 쓰는 '불변의' 물때 명칭이다. 따라서 '열넷물'의 사용은 결코 작지 않은 '오류'가 될 것이고, 그것은 분명히 '아침조금'으로 바뀌어야 할 것이다.

다음은 위 표에서 '일반적 물때식'이라고 부른 것이다. 이 물때 명칭은, 한 보고에 의하면, 2003년경에도 국립해양조사원의 홈페이지에 올라 있었다고 하므로(이기복 2003: 214, 각주 24)), 해당 조사원에서 이 명칭을 쓴 지는 제법 오래 된 것 같다. 이 새로운 물때 명칭은 아마도 박청정의 제안(1985, 1986a, 1986b, 1986c, 1987a, 1987b, 1988a, 1988b)을 그대로 받아들인 것 같은데, 간단히 그의 주장을 소개하도록 하겠다.

박청정은 "[기존의] 물때가 구전으로 내려오고 있어 물때 명칭마저 지방마다 다르고 심지어 뒤범벅이 되어 물때를 이해하는 데 어려움이 있"다고 보고, "지금 사용하고 있는 8물때식과 7물때식을 조차와 관련시켜 분석하여 합당한 물때로 통일시"키고자 한다(1986a: 93). (여기서 그의 주장대로 일부 지방의 물때가 정말 "뒤범벅이 되"었는지는 잘 모르겠지만, 오히려 그가 제시하는 "구전에 의한 물때"의 표(1986a: 91, 1986b: 79, 1987a: 76 등)가 지나치게 단순화된 것으로 보인다.) 어쨌든 그에 따르면, "7물때식과 8물때식은 이론과 실제가 일치하지 않는 모순, 즉 조차가 가장 작은 것에도 큰 것에도 일치하지 않는다."(1986a: 93) 그리하여 "조차가 커지기 시작"하는 데에 "비중을 두"어 "조차가 커지는 11일·26일을 1물"로 정하는 것이

옳다고 보아, 그의 새로운 물때 산정 방식은 1일, 16일이 "6물"이 되는 "6물때식"이라고 하였다(1986b: 78).

구체적으로 조차가 가장 큰 17일과 2일을 '(한)사리'로 하고 조차가 가장 적은 10일과 25일을 '(한)조금'으로 하여(1986b: 78), 개별 일자의 물때를 정하는데, 전통적인 이름 대신에 "기억하기 쉽게 하기 위하여 고유명칭을 부여"한다. 그것이 곧, 소수의 예외를 제외하면, 인체의 명칭을 빌려 와 부르는 위 표상의 명칭이다. 즉, '한조금-한매-두매-무릎사리-배꼽사리-가슴사리-턱사리-한사리-목사리-어깨사리-허리사리-한꺽기-두꺽기-선조금-앉은조금'의 순으로 구성되는데, 보름 주기에서 "8일간은 사리기간"('무릎사리'부터 '허리사리'까지)이고 "7일간은 조금기간"('한꺽기'부터 '두매'까지)이 된다(1986b: 79). 나아가 그는 이 새로운 방식이 "지방마다 다른 7물때식과 8물때식이…통일되어 혼란을 방지하고 물때의 과학성이 제고되어 일반화되고 더욱 발전할 것"이라고 보았다(1986b: 81).

위 박청정의 제안은 부분적으로 오늘날의 과학적 관측 결과에 의거하는 것이 될 것이다. 즉, 핵심은 좁은 의미의 사리와 조금이 통상적으로 말하는 것처럼 그믐과 보름 그리고 상현과 하현에 일어나는 것이 아니라, 그보다 이틀 가량 늦게 일어난다는 사실에 바탕하여, 실제의 사리날과 조금날에 맞추어 전체 체계를 재조정하자는 것이 된다. 그런데 사실은 우리 어촌의 제보자들도 사리의 실제 날짜가 그믐과 보름보다는 더 늦다는 사실을 잘 알고 있다.

그런데 위의 제안은 우리의 물때 체계에 대한 다소간 피상적인 이해에서 출발한 것이 아닌가 한다. 무엇보다도 그는 '산김'과 '사리(때)', '꺾음', '조금(때)'이라는 앞의 <표 2> 및 <표 3> 등에서 본 네 중간 범주를 전혀 파악하지 못하고 있다. 이 네 중간 범주의 구분이

15개의 일차적 범주의 구분만큼이나 중요함은 앞에서 이미 기술하였다. 필자는 우리 물때 체계의 이해에서 이 네 중간 범주를 파악하지 못하면, 그것은 물때 체계의 진정한 이해에서 아직 멀리 떨어져 있는 것으로 본다.

다음으로 그의 제안대로 하면, 남해안 모델에서 물때를 하루 빨리 세는 것은 (또는 서해안 모델에서 하루 늦게 세는 것은) 아무런 근거도 없는 인위적인 관행이 될 것이다. 그런데 이 사실의 입증을 위해서는 단순한 조차의 수치를 넘어서는, 보다 넓은 시각에서의 깊이 있는 경험적 연구가 필요할 것이다. 필자가 우리 물때 체계에 대한 관련 분야에서의 과학적 연구를 기대하는 것도, 바로 이 질문에 대한 객관적인 타당성 여부를 알고 싶기 때문이다. 물론 과학적 연구는 고유의 물때 체계에 대한 다른 중요한 사실들도 밝혀 줄 수 있을 것이다.

또 필자는 우리 어촌사회에서 이른바 '내만(內灣) 어업시대'와 '연안 어업시대'의 단계(김일기 1988)에서 주로 사용해 온 각 지역의 물때가, 이처럼 조차라는 기준만으로 전국적인 '표준화'가 될 수 있는지에 대해서도 의문을 갖는다. 뿐만 아니라 '교화(教化)적'인 태도를 담은 듯한, 그의 생경(生硬)한 새로운 물때 명칭은 어떻게 보아야 할까? 언어의 사회적 사용(social use)이라는 시각에서 한 개인의 창안이 집단적인 수용을 이룰 수 있을까?

의문을 제기할 부분은 더 있지만, 이만 정리하면, 위 박청정의 제안은 아직은 과학적 연구에 의해 충분히 뒷받침되지 않는, '계몽적' 시각에서의 개인적 의견일 것이다. 따라서 그의 제안은 부분적으로 흥미롭기는 하지만, 일종의 '의사(pseudo) 과학적 지식'에 기반하는 잠정적인 것이 될 것이다.

문제는 국립해양조사원이 이를 '일반적 물때식'이라고 명명하고, 조석표의 배열 순서에서도 전통적인 두 유형보다 앞에 배치하고 있는 것이다. 이 '물때식'이 어찌하여 '일반적'인 것인지에 대한 논의가 언제 어떤 방식으로 이루어졌는지, 그리고 이 '물때식'의 타당성 여부에 대한 깊이 있는 검증이 이루어졌는지에 대해서는 잘 알지 못한다. 과문(寡聞)이지만 그러한 과정이 없었다면, 이 문제는 결코 그리 간단한 문제가 아닐 것이다. 더욱이 해당 기관은 옛 해군 수로국과 교통부 수로국을 뒤이어 우리나라 조석의 관측과 예보를 책임지는 국책 기관이기 때문이다.

정리하면, 오랜 시간에 걸쳐 형성 발달되어 온 우리 어촌사회의 정교한 민간 지식인 물때 체계에 대한 현대 과학적 연구는 아직 이루어지지 않은 상태에서, 엉뚱한 '가짜 지식' 또는 '의사 과학적 지식'에 의한 어처구니없는 타율적 변화가 진행 중인 것이, 안타깝게도 오늘날 우리가 처한 대체적 상황인 것 같다.

그러나 이와는 무관하게 우리의 물때 체계에 대한 학술적 관심은 당연히 지속되어야 할 것인데, 이 글에서 새로이 발견 정리한 부분이 앞으로의 연구에 작은 초석(礎石)이라도 되기를 빌어 본다. 그런데 앞으로의 연구에서는, 물론 다양하고 깊이 있는 새로운 연구들이 개척되어야 하겠지만, 특히 두 가지 주제에 대한 탐구가 중요하고 또 필요할 것 같다. 하나는 그리 쉽지는 않겠지만, 우리 물때 체계의 기원과 발달에 대한 좀 더 구체적인 연구이고, 다른 하나는 비교 문화적 연구인데, 특히 일차적으로는 중국(특히 남부 지역) 및 일본(규슈 지역 등)의 전래의 물때 체계와의 비교가 우선적인 과제가 될 것이다. 아마도 이 두 주제는 상당 부분 상호 관련되는 질문일 것으로 여겨진다.

참고문헌

신경준(申景濬), "조석(潮汐)," 『여암전서(旅菴全書)』 권9, "사연고(四沿考) 2" (『여암전서(旅菴全書)』, 서울: 경인문화사, 1976, Ⅰ권, pp.311-312).
유희(柳僖), 『물명고(物名考)』 (『물명고(物名考)』, 『진주유씨서파유희전서(晋州柳氏西陂柳僖全書』, 성남: 한국학중앙연구원, 2007~2008, Ⅰ권, pp.22-234).
이규경(李圭景), "조석변증설(潮汐辨證說)," 『오주연문장전산고(五洲衍文長箋散稿)』 권53 (『오주연문장전산고(五洲衍文長箋散稿)』, 서울: 동국문화사, 1959, 하권, pp.720-726)
정제두(鄭齊斗), "조석설(潮汐說)," 『하곡집(霞谷集)』 권21 (『하곡전집(霞谷全集)』, 서울: 여강출판사, 1988, 하권, pp.329-334).
미상, 『광재물보(廣才物譜)』 (『광재물보(廣才物譜)』, 성남: 한국정신문화연구원, 1997).
미상, "부 조신(附潮汛)," 『증보문헌비고(增補文獻備考)』 권35, "여지고(輿地考) 23" (『증보문헌비고(增補文獻備考)』, 서울: 동국문화사, 1957, 상권, p.473)
구만옥, 2001, "조선 후기 조석설과 '동해무조석론(東海無潮汐論)," 『동방학지』 111: 1-83.
______ 2017, "'사연고(四沿考)'와 '도로고(道路考)'를 통해서 본 신경준의 조석설," 『한국실학연구』 34: 497-554.
국립민속박물관 편, 1996, 『어촌 민속지: 경기도・충청남도 편』, 서울: 국립민속박물관.
권혁재, 2003[1987], 『한국지리: 우리 국토의 자연과 인문』, 제3판, 서울: 법문사.
______ 2005[1974], 『지형학』, 제4판, 서울: 법문사.
김광언, 1969, "(제4편 산업기술, 제3장 수산 중) 제2절 수산도구・방법," 한국문화인류학회 편, 『한국민속종합조사보고서: 전라남도 편』, 서울: 문화공보부 문화재관리국, pp.370-375.
______ 1971, "(제3편 산업기술 중) 제2장 수산업," 한국문화인류학회 편, 『한국민속종합조사 보고서: 전라북도 편』, 서울: 문화공보부 문화재관리국, pp.326-362.
김영돈・김범국・서경림, 1986, "해녀 조사 연구," 『탐라문화』 5: 145-268.

김일기, 1988, “곰소만의 어업과 어촌 연구,” 서울대 지리학과 박사학위논문.
단국대학교부설 동양학연구소 편, 1995, 『한국한자어사전』, 서울: 단국대학교출판부.
박청정, 1985, “‘물때’의 실상은 이렇다: 조석을 알자①,” 『새어민』 23(12)(통권 212호): 82-85.
______ 1986a, “7물때식·8물때식의 모순: ‘물때’의 실상은 이렇다②,” 『새어민』 24(1)(통권 213호): 90-93.
______ 1986b, “서해로 갈수록 조차는 커진다: ‘물때’의 실상③,” 『새어민』 24(2)(통권 214 호): 78-81.
______ 1986c, “‘6물때식’이 바람직: 물때의 실상④,” 『새어민』 24(3)(통권 215호): 82-85.
______ 1987a, “물때의 올바른 이해①,” 『새어민』 25(11)(통권 235호): 74-77.
______ 1987b, “음력과 물때로 조류 예측할 수 있다: 물때의 올바른 이해②,” 『새어민』 25(12)(통권 236호): 81-85.
______ 1988a, “‘물질’할 때 이용하면 편해: 물때의 올바른 이해③,” 『새어민』 26(1)(통권 237호): 90-94.
______ 1988b, “조석현상 잘 알면 여러 가지로 편해: 물때의 올바른 이해④,” 『새어민』 26(2)(통권 238호): 86-91.
안미정, 2006, “바다밭(海田)을 둘러싼 사회적 갈등과 전통의 정치,” 『한국문화인류학』 39(2): 307-347.
왕한석, 2009[1996], “경기 강화도의 언어문화,” 『한국의 언어 민속지 1: 서편』, 파주: 교문 사, pp.13-112.
______ 2010, “진도군 조도의 언어문화,” 『한국의 언어 민속지: 전라남북도 편』, 서울: 서울 대학교출판문화원, pp.21-213.
______ 2012, “통영시 사량도의 언어문화,” 『한국의 언어 민속지: 경상남북도 편』, 서울: 서 울대학교출판문화원, pp.19-311.
유경노, 1999[1986], “조선 후반기 문헌에 나타난 조석론,” 한국 천문학사 편찬위원회 편, 『한 국 천문학사 연구: 소남 유경노 선생 유고 논문집』, 서울: 녹두, pp.229-234.
이건식, 2013, “조선시대 조수 구분 계열어의 의미 대립 체계,” 『한민족어문학』 64: 219-264.
이경미, 2002, “제4장 경남 남해안 어민의 자연환경 인지 방식,” 국립민속박물관 편, 『경남 어촌 민속지』, 서울: 국립민속박물관, pp.155-199.

이경엽, 2002, “(제3편 서남해역의 해양생활사 문화자원, 제2장 물질과 해양생활사 문화자원 중) 제1절 어로환경조건,” 『한국의 해양문화 Ⅰ: 서남해역』, 하권, 서울: 해양수산부, pp.132-156.
이기복, 2003, “물때를 통해 본 ‘민속과학’의 장기지속성,” 『민속학연구』 12: 205-240.
이석우, 1992, 『한국 근대 해상지』, 서울: 집문당.
______ 2004, 『해양 정보 130가지』, 서울: 집문당.
이숭녕・전광용・최학근, 1957, “제3부 언어학반 조사 보고,” 김재원 편, 『서해 도서 조사 보 고』, 국립박물관 특별조사보고, 서울: 을유문화사, pp.137-246.
장태진, 1969, “조수 어휘의 연구,” 『아세아연구』 12(4): 89-127.
조경만・선영란・박광석, 1995, “완도군의 민속자료,” 국립목포대학교 박물관 편, 『완도군의 문화유적』, 무안: 국립목포대학교 박물관, pp.207-324.
조경만・이경화, 1995, “목포시의 민속자료,” 국립목포대학교 박물관 편, 『목포시의 문화유 적』, 무안: 국립목포대학교 박물관・전라남도・목포시, pp.187-244.
조숙정, 2014, “바다 생태환경의 민속구분법: 서해 어민의 문화적 지식에 관한 인지인류학적 연구,” 서울대 인류학과 박사학위논문.
최남선, 1973[1948], 『조선상식 지리편』, 고려대학교 아세아문제연구소 육당전집편찬위원회 편, 『육당 최남선 전집 3』, 서울: 현암사, pp.393-458.
한상복(韓相福), 1975, “(제3편 산업기술 중) 제4장 수산,” 한국문화인류학회 편, 『한국민속종 합조사보고서: 충청남도 편』, 서울: 문화공보부 문화재관리국, pp.419-457.
한상복(韓相復), 1988, “한국의 조석 관측 소사,” 『해양학에서 본 한국학』, 서울: 해조사, pp.66-74.
현평효, 1985, 『제주도 방언 연구: 논고 편』, 서울: 이우출판사.
Christopherson, Robert W. (윤순옥 외 역), 2012, 『지오시스템』, 제8판, 서울: 시그마프레 스.
Garrison, Tom (이상룡 외 역), 2013, 『해양학』, 제7판, 서울: 신케이지러닝코리아(주).
Chun, Kyung-soo, 1984, *Reciprocity and Korean Society: An Ethnography of Hasami,* Seoul: Seoul National University Press.
Jo, Sook-Jeong, 2018, “Tide and Time: Korean Fishermen’s Traditional

Knowledge of *Multtae* in Gomso Bay," *International Journal of Intangible Heritage* 13: 206-220.

Stocking, George W. Jr., 1968, *Race, Culture, and Evolution: Essays in the History of Anthropology*, New York: The Free Press.

제 2 장

서해 어류의 민속 생물학적 분류와 변화: 곰소만 어촌의 민족지적 사례 연구

서해 어류의 민속 생물학적 분류와 변화:
곰소만 어촌의 민족지적 사례 연구*

조 숙 정 (서울대학교 비교문화연구소 연구교수)

1. 머리말

이 연구는 문화의 관점에서 한국 사람들은 동식물을 어떻게 분류하고 인지하는가라는 질문에서 시작된 것이다. 이에 대한 답을 찾기 위해서 연구자는 우선 해양 생물의 분류에 대한 한국 어민들의 민속지식에 주목하였다. 이 글의 목적은 한국 어류의 민속 생물학적 분류(folk biological classification) 방식을 찾아내고 그 문화적 논리를 이해하려는 것이다.

서구 인류학계에서 동식물에 대한 문화적 접근은 1950년대 민족과학(ethnoscience)의 출현과 함께 본격화되었는데, 민족과학 연구가 활성화된 1960년대에 들어와 생물의 토착 명칭체계와 범주화에 대한 연구가 주목을 받기 시작했다(Hunn 2007 참조). 특히 1960년대와 1970년대를 통해 브렌트 벌린(Brent Berlin)을 중심으로 하는 민족생물학(ethnobiology) 연구들은 전 세계 다양한 민족지적 사례들을

* 본고는 필자의 박사학위논문(조숙정 2014) 중 "제7장 바다 동물의 민속구분법: 생물의 지식"에서 어류 분류와 관련된 내용을 재구성하여 수정·보완한 것이며, 2018년 11월 제60차 한국문화인류학회(부경대학교 개최)에서 발표한 후, 『한국문화인류학』제51집 3호 (2018년 11월, pp 65-107)에 실린 논문을 편집상 일부 수정한 것이다.

토대로 민족생물학적 분류의 보편성에 대한 논의를 발전시켰다 (Berlin, Breedlove, and Raven 1966, 1968, 1973; Berlin 1972, 1973, 1976, 1992 등).[1)]

그런데 그동안 한국 문화에 대한 민족지적 연구에서 동식물의 의미영역(semantic domain)은 거의 주목받지 못했다. 인간과 환경의 관계에 대한 연구에서조차 민속 생물학적 분류와 관련된 한국 사회의 토착 지식은 간과되어 왔다. 지금까지 동식물을 문화의 관점에서 본격적으로 다룬 연구는 극소수에 불과하다(조경만・김하송 1994; 왕한석 1996, 2009, 2010, 2012, 2016; 조숙정 2008, 2010, 2012, 2014, 2018). 대개는 한국의 농어촌 관련 연구에서 자연환경과 경제적 기반을 이해하는 배경으로서 동식물의 종류가 간략히 언급되고 지나가는 정도로 취급되었다. 어촌 연구에서조차 해양 생물은 거의 주목받지 못했다.[2)]

개별 사회가 경험 세계로서 그들의 동식물을 개념화하는 방식은 그 문화에 대한 또 다른 통찰력을 제공해주는 중요한 연구 주제임을 환기할 필요가 있다. 이 연구는 이러한 문제의식을 토대로 민족생물학적 분석틀을 적용하여 한국 어민들이 해양 생물을 어떻게 지각하고 구분하고 이용하는지를 구체적으로 찾아내려는 것이다. 그럼으로써 한국 사회의 생물 분류에 대한 문화적 방식의 일면을 밝혀내고,

---

1) 민속 생물학(folk biology)과 민족생물학(ethnobiology)은 넓은 의미에서는 동의어로 사용된다. 그러나 두 용어를 구분하여 사용하기도 한다(Hunn 2001). "자연을 인간화하는(humanizing nature)" 활동으로서 인간 종의 역사만큼이나 오래 되었을 '민속 생물학'은 해당 지역의 생물과 관련된 민간 또는 개별 사회의 문화 영역을 가리킨다면, '민족생물학'은 다양한 사회의 민속 생물학에 대한 과학적 또는 비교적 연구 영역을 가리키는 것으로 이해할 수 있다.

2) 해양인류학의 어민 사회 연구가 가지고 있는 학술적 한계를 성찰한 바 있는 아키미치(2005: 13)는, 지금까지 "바다라고 하는 존재를 매개로 생물의 다양성과 인간사회의 문화적 다양성을 고찰하려는 시도"가 부족했는데, 그것은 "인간의 활동이 육상을 중심으로 영위되는 것과 해양생물이 수중의 존재라는 것이 가지는 단절" 때문이라고 지적한 바 있다.

민족생물학적 분류의 보편성과 특수성 논의를 검토할 수 있는 한국 문화의 민족지적 사례를 제공하고자 한다. 또한 생물 분류의 민속 지식이 해당 사회의 지역 환경에 토대한 경험적 구체성과 역사성을 지닌 체계화된 "민속 과학 지식(folk scientific knowledge)"(Casson 1981: 5)임을 강조하고자 한다.

이 글에서는 구체적으로 서해 곰소만 어촌의 민족지적 사례에 토대하여 어민들이 '괴기'라고 부르는 물고기들이 어떻게 명명(naming)되고 범주화(categorizing)되는지에 초점을 맞추어 기술하고, 민족생물학의 보편적 구분 모델을 적용하여 서해 어류의 민속분류법(folk taxonomy)을 제시할 것이다. 본론은 세 개의 절로 구성된다. 2절에서는 '괴기'의 개념을 살펴볼 것이다. 민족생물학적 분류체계의 생활형칭(life-form) 등급에서 '바다 동물'의 종류와 범주화를 살펴봄으로써 그 한 부류인 어류가 생태적·형태적·행동적 측면에서 어떻게 개념화되는지를 파악할 것이다. 이 어류의 원형성(prototypicaltiy)에 의거해 거대한 바다 동물인 고래가 과학자들의 계통분류와 '다르게' 민간에서 물고기로 인지되는 논리를 이해할 수 있다. 3절에서는 '괴기'의 종류와 그 민속분류법을 살펴볼 것이다. 조사지에서 민속 명칭으로 인식되는 100개의 '괴기' 종류가 민족생물학의 보편적 구분 모델에 따라 어떻게 위계적으로 구조화되는지를 제시할 것이다. 그리고 서해 곰소만 어촌에서 고기의 심리적 원형(prototype)이 한국 사회의 통념과 마찬가지로 서해의 대표 어종인 조기로 나타나는데, 그 이유를 조기의 형태적 특징과 함께 서해의 조기어업사와 연관된 생태적 차원에서 이해해 볼 것이다. 끝으로 4절에서는 '괴기'를 분류하는 민속 지식에서 나타나는 변화의 측면을 살펴볼 것이다. 어업 환경의 변화 및 외부에서 전파된 새로운 지식의 영향으로 어민들의 어류 분류 지식이 조정되는 양상을 이해해 볼 것이다.

이 연구의 분석 자료는 전라북도 부안군에서 2008년 7월부터 2011년 7월까지 약 3년 동안 장기간의 현지조사를 통해 수집한 것이고, 그 뒤로도 2013년 2월까지 보충조사가 행해졌다. 2009년 기준 제보자들의 연령은 40대부터 80대까지였는데, 주요 제보자들은 1930~40년대에 태어나 풍선과 주낙으로 재래식 조업을 하던 시기인 1950~60년대에 어부가 된 세대다.

곰소만의 북쪽 연안에 위치한 '왕개' 곧 왕포(旺浦) 마을은 300여 년 전부터 사람이 세거한 마을로 김해 김씨(金海金氏) 집안의 7대조가 터를 닦아 마을을 형성한 집성촌으로 전해진다(김○만, 남, 1937년생).[3] 지명 유래에 의하면(양만정 1985: 291-292), "마을 앞바다가 칠산어장(七山漁場)으로 이른 봄부터 수백 척의 어선들이 모여들어 풍어의 성시를 이루었고 고기가 제일 많이 잡히는 곳"이라고 하여 마을 이름을 '왕포(王浦)'라고 칭했으나, 이후 '왕포(旺浦)'로 개칭하여 오늘에 이르렀다.[4] 왕포의 지명은 이 마을이 오래 전부터 해안가 마을로서 좋은 어장을 가진 또는 어로활동이 왕성한 어촌이었음을 짐작케 한다.

2009년 기준 38가구에 91명(남자 44명, 여자 47명)의 주민이 살고 있는 작은 마을이지만, 어로활동이 활발한 진서면의 대표적인 어촌으로 꼽힌다. 1980~90년대 김양식 호황기 때는 100세대 가까이도 살았다고 한다. 연령상으로는 50대 인구가 22명(24.2%)으로 가장 많고, 60세 이상 인구는 33명으로 전체 인구의 36.3%를 차지한

3) 조사지 개관은 대부분 조숙정(2017: 109-111)에서 인용하였다.

4) 왕포 마을에는 지명의 한자 표기 변경과 관련된 이서구(李書九, 1754~1825) 설화가 전해지고 있다(조숙정 2014: 41-43 참조).

다. 가구 구성은 2인 가구가 19호(50%)로 가장 많은데, 이중 15가구가 부부가구다. 마을 사람들은 대부분 1~2톤 내외의 선외기 어선을 이용하여, 부부 노동력에 기반한 소규모 연안어업에 종사한다. 주 어업은 주꾸미잡이와 꽃게잡이다. 1970년대 중반 무렵 그물과 기계배가 주낙과 풍선을 대체하기 전까지 마을 어민들은 조기와 갈치를 중심으로 다양한 고기를 잡았었다.[5] 주 어로 공간이 곰소만에서 외해로 확장되긴 했지만, 여전히 어민들은 주로 곰소만과 위도 사이 바다에서 당일치기 조업을 하고 있다.

(촬영: 2011년 4월 필자)

[그림 1] 변산마실길 마을 안내글

5) 조사지의 1년 주기 어로활동 및 어업 변화에 대한 자세한 내용은 조숙정(2017)을 참조할 것.

2. 바다 동물의 민속 범주와 어류의 원형성

민족동물학의 생활형칭 등급에서 나타나는 바다 동물의 민속 범주들을 살펴보기 전에 표제어로 사용된 '바다 동물'의 의미에 대해 부연 설명하겠다.

사실 '바다 동물'이란 말은 엄격하게 규정된 민속 명칭(folk term)이 아니라 '동물 중에 바다에 사는 것'을 가리키는 느슨한 표현이다. 연구자는 어촌 사회의 민속 생물학에 접근하면서 일차적으로 분석 범위를 바다라는 공간에 서식하는 동물에 한정하였다. 바다가 어민들의 삶에 절대적으로 중요한 환경을 제공하는 만큼 바다 동물의 범주화 방식을 통해 어민들의 발달된 민속 생물학적 지식체계를 잘 보여줄 수 있을 것으로 판단했기 때문이다. 따라서 이 연구에서 '바다 동물'은 바다라는 물속 환경에 적응하여 살아가는 다양한 수생 동물을 통칭하는 분석적 범주다. 그런데 다른 한편으로 '바다 동물'은 서식지에 따른 동물 구분을 보여주는 문화적 개념으로도 볼 수 있다. 어민들이 '바다'라는 지리적 공간을 어떻게 구분하고 인지하느냐에 따라 바다 동물의 범위 및 동물 범주들 사이의 분류법적 관계에 영향을 미치기 때문이다. 뒤에서 살펴볼 것인데, 바다 동물 중 어류에 대한 문화적 강조가 바다 공간 중 물의 영역인 '바닥'[바다]에 대한 문화적 강조와 연관되는 점은 이를 단적으로 보여주는 예다. 따라서 본고에서 '바다 동물'이란 어민들이 바다로 인지하는 공간에 서식하는 동물을 가리킨다.[6]

---

6) 이 연구는 '바다 동물'의 한 범주로서 바다새는 포함하지 않았다. 어민들은 갈매기나 바다오리와 같은 바다새에 대해 잘 알고 있었지만, 바다 동물의 종류나 범주와 관련된 이야기에서 새를 전혀 언급하지 않았기 때문이다. 대체로 환경운동가들이 해양 환경 및 해양 생물과 관련해 바다새를 매우 중요하게 주목하고 언급하는 것과는 분명하게 대조를 보이는 지점이어서 그 인식적 차이가 상당히 흥미롭다.

1) 바다 동물의 분류학적 분포 양상

곰소만 어촌에서 어민들이 민속 명칭으로 인식하는 바다 동물은 모두 192개가 조사되었다. <표 1>은 이 바다 동물들이 분류학적으로 어떤 분포를 보이는지를 정리한 것이다.[7]

<표 1> 민속 명칭으로 인식되는 바다 동물의 분류학적 분포상

	척추동물			무척추동물									
문	척추동물		미삭동물	연체동물			절지동물	극피동물			의충동물	자포동물	환형동물
강	어강	포유강	해초강	두족강	이매패강	복족강	갑각강	성게강	불가사리강	해삼강	의충강	해파리강	다모강
민속 명칭	98	3	2	9	20	13	39	1	1	1	1	1	3
소계	101		2	42			39	3			1	1	3

<표 1>을 보면, 192개의 바다 동물은 분류학상 8문 13강에 속하는 것으로 나타난다. 단일 강으로서 가장 큰 범주는 어강(魚綱)으로 절반이 넘는 98개(51%)를 포함한다. 그 다음으로 많은 수를 포함한 분류군은 39개의 갑각강(甲殼綱), 20개의 이매패강(二枚貝綱), 13개의 복족강(腹足綱), 9개의 두족강(頭足綱)이다. 단일 문으로서는 척추동물아문이 101개로 가장 많고, 연체동물문이 42개, 절지동물문이 39개로 그 뒤를 잇고 있다. 즉, 어민들이 명칭으로 인식하는 바다 동물의 179개 곧 93.2%가 분류학상 어강 및 갑각강·이매패강·복족

7) 192개 바다 동물의 민속 명칭 및 그 분류학적 국명을 비정(比定)한 구체적인 목록에 대해서는 조숙정(2014: 292-301)을 참조할 것.

강・두족강 등 3문 5강에 속하는 생물로 파악되었다.

여기서 흥미로운 점은 이 3문 5강이 한국 사회에서 수산자원으로서 중요한 유용종들이 포함된 수생 동물 범주들이라는 것이다. 어강은 일반적으로 어류로 통칭되는 것으로, 말할 것도 없이 해산물로서 유용도가 가장 높은 생물 범주다. 절지동물문 갑각강에 포함되는 게류・새우류・가재류와, 연체동물문 두족강에 포함되는 오징어・문어・주꾸미 등 두족류, 이매패강에 포함되는 조개류, 그리고 소라・전복 등 복족강에 속하는 고둥류도 역시 경제적으로 상당히 중요한 생물들이다.

다시 말해, 인간이 생물을 구별하고 명칭을 부여하는 인식 과정에서 생물의 자원 유용성이라는 측면이 상당히 중요한 지각 동기로서 영향을 미치고 있음을 생각해 볼 수 있다. 곰소만 어촌의 경우 바다 생물의 이름에 대한 어민들의 반응에서 생물을 인식하는 데 식용 여부가 중요한 동기로서 작용하고 있음을 볼 수 있다. 어민들은 이름을 모르는 생물에 대한 질문을 받으면 거의 항상 이름이 없는 이유를 "못 먹는 것" 또는 "안 먹는 것"으로 설명했다. 즉, 생물에 대한 지각이 '먹는 것'과 '못 먹는 것'과 관련되어 발달되어 있고, 식용 여부와 명칭 부여 사이에 밀접한 상관관계가 있음을 알 수 있다. 게다가 이름이 없는 생물들은 대체로 크기가 작다는 점이다. 따라서 주변의 생물을 지각하고 구분하여 명명할 때, 먹을 수 있고 크기가 큰 것일수록 인지도가 높고 명칭이 발달하는 반면에, 먹을 수 없고 거기다 크기가 작은 것일수록 인지도가 낮고 명칭이 미발달하는 것으로 일반화할 수 있겠다.[8] 한국 어민들의 바다 생물에 대한 지각과

---

8) 훈(Hunn 2001: 103)은 생물의 크기(size)는 식물이든 동물이든 해당 종에 쏟는 문화적 관심에 영향을 미치는 주요한 지각 요인이고, 생물이 크면 클수록 민속 생물학적 분류체계는 더 정교화되는 경

언어적 부호화의 메커니즘을 이해할 때 생물 자체의 형태적 특징이나 지역의 생물 분포상뿐만 아니라 식용 여부나 생업과의 관련성 등 문화적 중요성도 함께 고려할 필요가 있는 것이다.

2) 민속 동물학의 계칭 분류군 '짐승'

민족생물학적 분류체계에서는 인식된 동물과 식물의 분류군들이 "관찰된 형태적(morphological)이고 행동적(behavioral)인 유사점과 차이점"에 주로 근거하여 범주화되고, "보다 포괄적인 부류로 무리 지어져 소수의 분류법적 등급으로 구성된 위계적 (분류법적) 구조(hierarchic (taxonomic) structure)를 형성"한다(Berlin 1992: 21-22).

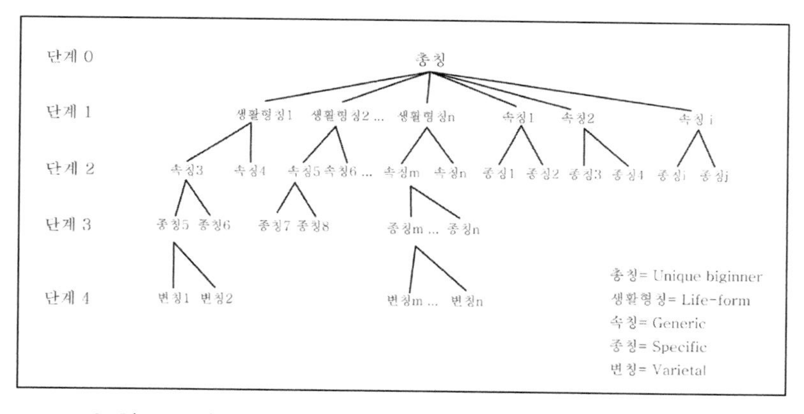

[그림 2] 보편적인 민족생물학적 등급의 위계적 관계(Berlin 1992: 16)

[그림 2]는 1973년에 벌린과 그의 동료들이 이상적인 민족생물학적 분류체계에서 나타날 수 있는 보편적인 민족생물학적 등급과 그

향이 있다고 하였다.

위계적 관계를 처음 제시한 도식이다(Berlin, Breedlove, and Raven 1973: 215).[9] 이 도식에는 6개 등급 중 5개만 예시되고 층위간 등급인 '중간칭(intermediate)'은 빠져 있다. 1973년에 민족생물학의 일반 원리가 제시될 때는 중간칭 등급은 잠정적인 범주이었다. 1992년에 벌린은 그후 축적된 민족지적 사례들을 토대로 수정된 민족생물학적 범주화의 일반 원리들을 기술하면서, 1973년에는 여섯 등급 중 맨 마지막에 두었던 중간칭 등급을 생활형칭과 속칭 사이의 세번째로 열거함으로써(Berlin 1992: 22) 그 분류법적 위치가 충분히 증명되고 확정되었음을 보여주었다.

벌린(Berlin 1992: 24)에 의하면, 총칭(總稱, unique beginner) 곧 계칭(界稱, kingdom) 등급은 단 하나의 분류군으로 구성되며, 하위 등급의 모든 분류군들을 포함한다. 민족식물학(ethnobotany)의 계칭은 생물학적 분류군 식물계(Plantae)에, 그리고 민족동물학(ethnozoology)의 계칭은 동물계(Animalia)에 거의 일치한다.

곰소만 어촌의 민속 생물학적 분류체계에서 계칭 등급에 포함되는 모든 동물은 "살아서 움직이는 것"으로 개념화되고, 이와 대조를 이루는 식물 범주는 "한자리에 뿌리박고 자라는 것"으로서 구별된다. 즉, 민속 생물학적 분류체계에서 동물과 식물의 구분은 '자력으로 한 장소에서 다른 장소로 움직이며 사는가?'라는 질문으로 요약될 수 있는 생물의 '이동성' 유무에 대한 지각에 근거하였다.

식물 범주와 달리 동물의 계칭 분류군에는 '짐승'이라는 계칭명(kingdom name)이 사용되는 것으로 파악되었다. "(뱀도) 짐승이지. 살아서 움직이는 거 아닌가? 근게 산 짐승이지."(박○님, 여, 1931년

9) 벌린의 여섯 등급 명칭을 번역한 학술 용어는 왕한석(1996: 347)의 용례를 따른다.

생), "총체적으로 일괄적으로 말해서 짐승이거든 다. 나는 것도 짐승이여."(김○만, 남, 1937년생) 등의 예시를 통해 계칭명 '짐승'의 개념과 명칭을 확인할 수 있다.[10] 이것은 주목할 만한 것인데, 계칭 분류군은 대개 명칭이 부여되지 않고 의미 범주로만 존재하는 '숨겨진 범주(covert category)'(Berlin et al. 1968)로 나타나기 때문이다(Berlin 1992: 27).

그런데 제보자들이 다소간 무의식적인 언어 사용에서는 계칭명인 '짐승'을 말하면서도 (예를 들면, "꼴뚜기나 그런 것(오징어 · 문어 · 낙지 · 주꾸미 등)이 죄다 그런 먹으로 사는 짐승들이거든.", "새라는 짐승은 인자 날개가 있닥 히서, 공중으로 날라댕긴닥 히서 날짐승이라고도 허고 새라고도 허고 그러는 것이고."), 의식화된 인터뷰 상황에서 직접적인 질문을 받으면 "짐승은 짐승이고, 새는 새여."라며 '짐승' 명칭을 생활형칭 분류군에 한정시키려는 반응을 보였다. 또한 연구자가 "물에 사는 고기도 짐승이에요?"라고 직접적으로 질문을 했을 때 일부 제보자는 대답하기 전에 애매한 웃음을 보이더니 "말하자면 해양 짐승이지." 또는 "그러지. 짐승이지 그것도. 물짐승."이라고 답하기도 했다. 제보자들의 반응은 '괴기'가 "살아서 움직이는 것"으로서 '짐승' 종류이기는 하지만, '괴기'를 '짐승'으로 직접적으로 또는 의식적으로 표현하는 것을 낯설게 느끼고 있음을 알 수 있었다. 그리고 '해양 짐승'이나 '물짐승'이라는 말은 연구지에서 관습화된 언어적 표현도 아니다.

다시 말하면, 연구지에서 계칭 등급의 분류군 이름으로 '짐승'이

10) '짐승'과 함께 '동물'이라는 말도 사용되는데, 노년층에서 '짐승'의 사용이 더 일반적이다. '동물'은 오히려 TV나 동물원에서 볼 수 있는 사자 · 코끼리 · 원숭이 등을 가리키는 것으로 좁게 인식되었다. 즉, 동물 범주를 지시하는 표현으로 '짐승'이 민간에서 오래전부터 사용돼 온 입말일 것이다.

라는 민속 명칭이 의미상으로나 분류법적으로나 언어적으로나 사용됨이 확인되었다. 민족생물학적 분류체계에서 계칭 분류군은 일반적으로 명명되지 않는다는 점에서, 이것은 한국의 민속 동물학적 분류체계의 특징적인 양상으로 볼 수 있다. 그런데 다른 한편으로 계칭명 '짐승'이 제보자들의 무의식적인 언어 사용에서는 자연스럽게 드러나지만, 의식적인 언어 사용에서는 상대적으로 잘 드러나지 않는 측면이 있었다. 따라서 앞으로 전체 민속 생물학적 분류체계 안에서 계칭명의 발달 양상이 통시적이고 다각적으로 검토될 필요가 있을 것이다.

3) 바다 동물의 생활형칭 분류군과 '괴기'의 원형성

생활형칭(生活形稱) 등급은 계칭 등급의 바로 아래 층위에 위치하는 포괄적인 범주로서 하위 등급의 분류군들을 대부분 포함한다. 생활형칭 분류군들은 "전반적인 형태적 구조(morphological structure)와 생태적 적응(ecological adaption)의 강한 상관관계에 대한 인식에 근거한 소수의 매우 변별적인 형태형들(morphotypes)"을 나타낸다(Berlin 1992: 24). 따라서 생활형칭 분류군들을 통해 동물들이 민속 동물학적으로 범주화되는 인식적 큰 틀을 파악할 수 있다.

곰소만 어촌의 민속 동물학적 분류체계에서 계칭 분류군 '짐승'은 모두 11개의 생활형칭 분류군으로 구분되는 것으로 파악되었다. 즉, '짐승'・'새'・'비암'・'버러지' 등 주로 육상 동물을 중심으로 개념화되는 4범주와 '괴기'・'두족류(頭足類)'・'기'・'새비'・'가재'・'조개'・'고동' 등 바다 동물을 중심으로 개념화되는 7범주가 그것이다. 동물 범주의 11개 생활형칭 분류군에서 눈에 띄는 점은 바다 동물과 관련된 생활형칭 분류군이 7개로 약 64%를 차지한다는 것이다. 바다 동물이 육지 동물보다 훨씬 더 다양하게 구분되고 있는 것이다. 이것은 육상 환경보다 수중 환경에 서식하는 동물들이 형태적으로 훨씬 다양하다는 자연의 생물학적 실재를 반영할 것이다.

다음은 바다 동물과 관련된 7개의 주요 생활형칭 분류군들의 명칭을 정리한 것이다.[11] 192개의 민속 명칭으로 인식된 대부분의 바다 동물은 물속 환경에서의 생태적 적응 양상을 반영하는 형태적이고 행동적인 특징에 의거해 다음과 같이 구분되는 것으로 나타났다.

1 괴기: 몸에 비늘이 있고 지느러미와 꽁지로 물속에서 헤엄쳐 다니는 동물

2 두족류(頭足類): 먹통과 발이 있고 물속에서 헤엄쳐 다니거나 물속 땅에서 기어 다니는 동물

3 기: 몸은 딱딱한 껍데기로 싸여 있고 집게발이 있으며 발로 물속에서 헤엄치거나 물속 땅에서 기어 다니는 동물

4 새비: 몸은 연한 껍데기로 싸여 있고 물속에서 헤엄쳐 다니는 동물

5 가재: 새우 및 게와 비슷하며 물속에서 헤엄치거나 물속 땅에서 기어 다니는 동물

6 조개: 두 개의 딱딱한 껍데기가 몸 전체를 감싸고 있고 물속 땅에서 기어 다니는 동물

7 고동: 집 같은 한 개의 나선형 껍데기가 몸 전체를 감싸고 있고 갯가나 돌에 붙어 기어 다니는 동물

11) 본고에서 생물 범주의 민속 명칭 앞에 있는 숫자는 필자가 기술의 편의상 붙인 번호다.

명명법의 측면에서 범주 명칭이 미분화된 '두족류(頭足類)'를 제외한 나머지 6개 생활형칭 분류군의 명칭들은 모두 일차 어휘소(primary lexeme)로 나타났다.[12] 이것은 민족생물학적 명명법의 일반적 원리에 준하는 것이다(Berlin 1992: 27-29).

생활형칭 분류군 '1 괴기'[고기]는 몸에 '비널'[비늘]이 있고 '날개미'(지느러미)와 꽁지(즉, 꼬리지느러미)로 물속에서 '휘어 댕기는'(헤엄쳐 다니는) 동물 무리다. '괴기'의 형태적이고 행동적인 특징은 물속 환경에 적응한 바다 동물의 가장 이상적인 특징으로 인식된다. 분류학상 어강의 종들이 대부분 여기에 속하고, 고래와 같은 일부 포유류도 포함된다.

'2 두족류(頭足類)'는 '먹통이 있음' 또는 '먹물을 쏨'을 공통 특징으로 하는 바다 동물이 생활형칭 등급에서 하나의 민속 분류군으로 범주화된 것이다. 관습화된 범주 명칭은 없지만 "먹물 쏟는 것", "먹물 튀는 거", "먹으로 사는 짐승" 또는 "그런 것은 다 먹통 있어." 등으로 구별되어 설명된다. '두족류(頭足類)'는 고기처럼 '날개(미)'가 있어 물속에서 '휘어 댕기기'도 하지만, 여러 개의 긴 발로 물속 땅을 기어 다니기도 한다.

'3 기'[게]는 몸을 감싼 딱딱한 껍데기와 10개의 발 중 길고 큰 한 쌍의 집게발이 특징인 무리를 가리키고, '4 새비'는 게와 달리 몸을 감싼 껍데기가 상대적으로 연하고 물속에서 헤엄쳐 다니는 특징을 가진 무리가 구별된 범주다. '5 가재'는 게처럼 딱딱한 껍데기에 싸여 있고 집게발을 포함한 여러 개의 발을 가지고 있지만, 전체적임

12) '두족류(頭足類)'는 관습화된 언어적 표현 없이 인식되는 숨겨진 범주이기 때문에, 기술의 편의상 두족강의 동물을 통칭하는 두족류를 분석 용어로 차용하고 민속 명칭과 식별하기 위해서 한자 표기를 병기하였다.

생김새는 새우처럼 길쭉하고 꽁지를 가지고 있기 때문에 게와 새우의 중간쯤에 위치하는 생물 범주로 본다. 이들은 일상적으로 각각 '게(류)' · '새우(류)' · '가재(류)'로 불린다.

'6 조개'는 몸을 감싼 딱딱한 껍데기가 두 개이면서 물속 땅에서 사는 점이 특징인 무리를 가리키는 반면, '7 고동'은 몸을 감싼 딱딱한 껍데기가 한 개이면서 갯가나 돌에 붙어 기어다니는 점이 특징인 무리를 구별한 것이다. 일상적으로 각각 '조개(류)'와 '고동(류)'으로 불린다.

바다 동물이 7개로 구분되는 생활형칭 분류군의 세분화는 중요한 바다 환경에 대한 어민들의 발달된 인지적 양상을 보여주는 문화적 특수성으로 해석될 수 있다. 그런데 다른 한편으로 이 생활형칭 분류군들의 명칭 대부분이 어촌에만 국한된 것이 아니라 한국 사회에서 일상적으로 널리 통용되는 일반 명칭이라는 점이다. 그래서 바다 동물에 대한 문화적 인지의 발달은 곰소만 어민 문화의 특수성을 넘어 한국 문화의 특수성으로 볼 수 있는 여지도 있다. 아마도 삼면이 바다이고 수산자원을 오래전부터 적극적으로 이용해 온 한국 사회에서 수생 동물의 문화적 중요성과 그에 따른 인지체계가 상대적으로 발달하였음을 반영하는 것으로 이해해 볼 수 있다. 물론 이것은 다른 사회들의 민속 동물학적 분류체계와의 비교 · 검토 후에 확정될 수 있는 주장일 것이다. 그러나 벌린(Berlin 1973: 231-233, 1992: 165-166, 179-180)의 글에 소개된 여러 전통사회들의 민속 동물학적 분류체계나 앤더슨(Anderson 1967)의 홍콩 선상민의 민족어류학 연구 등에서 나타나는 생활형칭 분류군들의 수와 종류를 검토해 볼 때, 곰소만 어촌에서 발견된 바다 동물의 범주화 양상은 상당히 발달된 민족동물학적 분류체계의 한 사례임에는 분명하다.

이상으로 곰소만 어민들이 바다 동물로 구분하여 인식하는 주요 7개의 생활형칭 분류군들을 민속분류법의 도식으로 나타내면 [그림 3]과 같다.

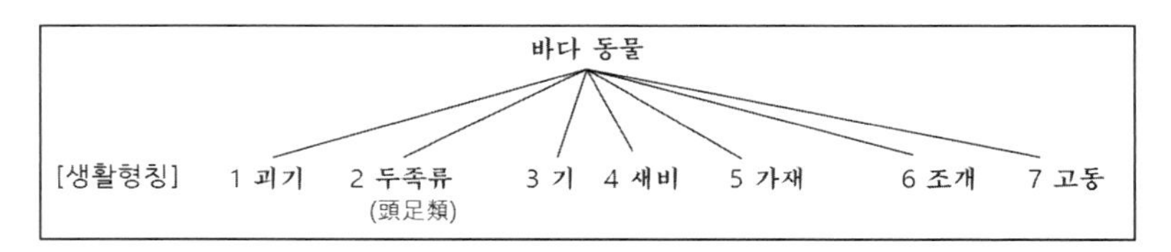

[그림 3] 바다 동물의 주요 생활형칭 분류군

첨언하면, 7개 생활형칭 분류군에 포함되지 않는 15개의 바다 동물들이 있다. 분류학상 어강에 속하는 '갯뱀'은 그 이름이 암시하는 바와 같이 생활형칭 분류군 '비암'으로 범주화되고, 갑각강의 '강구'와 환형동물문 다모강의 '집거시'·'청거시'·'홍거시' 3종의 지렁이류는 생활형칭 분류군 '버러지'로 범주화되었다. 그리고 나머지 10개(오발이·개불·멍게·미더덕·밤송이·오만쟁이·전복·해삼·해포리·쩍)는 어떤 생활형칭 분류군에도 속하지 못하는 "무연계 속칭 분류군(unaffiliated generic taxa)"(Berlin 1992: 23-24, 172)이었다. 10개의 무연계 속칭 분류군은 모두 그 형태상에서 드러나는 일탈적인 독특함에 기인하여 주요 생활형칭 분류군에 포함되지 못한 것으로 이해할 수 있다.

따라서 곰소만 어촌에서 192개의 민속 명칭으로 인식되는 '바다 동물'들이 범주화되는 생활형칭 분류군은 사실상 [그림 3]의 7개 외에 '비암'과 '버러지'를 포함하여 모두 9개로 봐야 할 것이다. 그런데 제보자들이 뱀과 벌레의 생활형칭 분류군을 육상 동물을 이상형으로 개념화하고 있기 때문에, 5종의 바다 동물이 이 두 생활형칭 분류군으로 범주화되기는 하지만 매우 주변적인 위치에 놓인다. 또한 이 5종의 바다 동물은 수적으로도 적을 뿐만 아니라 바다 동물 내부에서도 마찬가지로 매우 부차적으로 인식되는 것들이다. 따라서 상기한 7개 생활형칭 분류군을 바다 동물을 개념화하는 주요 범주로 보아도 무리는 없을 것이다.

다음으로 바다 동물의 7개 생활형칭 분류군들의 근연관계에 주목해 보고자 한다. 이 바다 동물의 범주들 사이에는 바다 동물의 원형 범주인 '괴기'를 기준으로 형태적·행동적 유사점과 차이점에 의거해 가깝고 먼 정도의 관계에 대한 인식이 있었다. 사실 [그림 3]에서 생활형칭 분류군의 나열 순서는 분류군들 사이의 근연관계에 대한 인식을 반영한 것이다. 이때 물속 환경에서의 생태적 적응을 반영하는 형태적 구조와 밀접히 관련된 동물의 이동성이라는 행동적 특징이 지각 요인으로서 중요하게 고려되었다.

어민들은 생활형칭 분류군 '괴기'처럼 '비늘이 있고 지느러미로 물속에서 헤엄쳐 다닌다'는 형태적이고 행동적인 특징을 바다 동물의 가장 원형적인 성질로 인지하였다. 다음 장에서 살펴볼 것인데, 이 '괴기' 분류군이 가장 많은 바다 동물을 포함하는 큰 범주라는 것도 이 사실을 뒷받침한다. 그래서 '괴기'처럼 '물속에서 날개미로 훠어 댕기는 것'(지느러미로 헤엄쳐 다니는 것)이 가장 수생 동물다운 것이라고 할 때, '괴기'에 가장 가까운 범주로 '두족류(頭足類)'가 인지된다. 그 다음으로 '기'와 '새비'가 가까운 범주인데, 고기와 달리 지느러미는 없으나 그에 상응하는 부속지를 가지고 물속에서 헤엄쳐 다니기 때문이다. 게와 새우와 비슷함에도 '가재'에 대한 인식은 이 범주들에 비해 매우 주변적이다. 원형 범주 '괴기'에서 가장 먼 것은 '조개'와 '고동'이다. 이 두 범주는 지느러미에 상응하는 부속지도 없고 '물속 땅에서 기어 다니기' 때문에 완전히 다른 것으로 인식된다.

바다 동물의 원형성에 토대한 이와 같은 근연관계 인식은 어민들이 바다 동물을 설명하는 말하기 방식에서도 표출된다. 제보자들은 고기의 종류를 묻는 질문에 조기・갈치・농어・민어・돔 같은 어류의 이름을 가장 먼저 열거하였다. 그런 다음에는 대개 문어와 주꾸미 같은 두족류를 진술하고, 그 다음에는 게와 새우에 대해 진술하였다. 그러나 가재 및 조개와 고둥의 범주는 보통 연구자가 별도의 질문을 했을 때 대답하는 경향을 보였다.

요컨대, 바다라는 생태 공간이 수중 환경이기 때문에, 그 형태적 차이를 토대로 물속에서 어떻게 움직이는가 하는 이동성과 관련된 행동적 특징이 바다 동물을 범주화하는 지각 과정에서 중요하게 인식되는 것으로 이해할 수 있다. 물속 땅에서 기어 다니는 것보다는 물속에서 헤엄쳐 다니는 것이 바다 동물의 전형적인 모습인 것이다.

바다 동물의 원형성에 대한 지각은 바다 공간의 구분과도 밀접히 관련된다. 곰소만 어민들은 바다 공간을 구분할 때 모래땅 영역인 '장불'이나 뻘 영역인 '뻘땅'(갯벌)보다 물의 영역인 '바닥'[바다]을 중심적 공간으로 인지하였다(조숙정 2014: 110-112). 즉, 바다는 물의 공간으로 개념화되었다. 따라서 바다 공간과 서식 생물의 관계에서 볼 때 갯벌에서 기어다니며 사는 조개・고둥 등 저서동물(底棲動物)보다는 바다에서 헤엄치며 사는 어류 및 두족류 등 유영동물(遊泳動物)이 더 강조되어 인지되는 연상관계에 있는 것이다.

또한 이와 같은 인지적 차이는 생물의 크기와도 다소간 관계가 있는 것으로 보인다. 고기・두족류・게・새우가 그 순서대로 현저하게 인식되고 가재·조개·고둥이 주변적으로 인식되는데, 일반적으로 말해서 먼저 언급된 것일수록 생물의 크기가 크고 뒤에 언급된 것일수록 크기가 작은 편이다. 그뿐만 아니라 전자의 네 생활형칭 분류군에 속하는 바다 동물이 후자의 세 분류군에 속하는 생물보다 문화적 중요성을 갖는다는 점도 간과할 수는 없을 것이다. 예컨대, 어류가 조개류보다는 어로 대상이나 음식으로서 그 가치가 더 높게 평가된다.

끝으로 동물 분류의 민속 지식과 근대 과학 지식이 충돌하는 대표적 범주인 '고래'에 대해 생각해 보고자 한다. 생물학적으로 포유강으로 분류되는 고래는 오늘날 일반에 '어류'가 아닌 '포유류'로 알려져 있다. 그러나 과학 교육을 통해 의식화된 과학 지식과 상관 없이 일상생활을 할 때 우리는 여전히 고래에 대해서 문화적으로 사고하고 행동한다는 사실을 상기할 필요가 있다. 예컨대, 바다에 쳐놓은 그물에 혼획된 고래는 다른 어류(魚類)와 함께 어판장(魚販場)에서 거래되며, 바다 속을 그리는 아이들의 그림에서 물고기들과 함께 있는 고래를 발견하기는 어렵지 않다. 곰소만 어촌의 사례에서 뿐만 아니라 경남 사량도의 민족어류학 연구에서도 고래는 어류 범주에 포함된다(왕한석 2012: 90). 조선 후기 대표 어보인 『玆山魚譜』(1814)에서도 海豚魚(상괭이)·鯨魚(고래)는 어류로 범주화되었다(정약전 1977). 민속 생물학적으로 고래는 '짐승'이 아니라 '괴기'로 인식되고 있는 것이다. 고래의 형태적·행동적·생태적 특징이 어류의 이상적 개념에 그대로 부합하기 때문이다. 미국의 사례에서도 많은 사람들이 고래를 '물고기'의 범주에 포함시키는데, 그 이유는 고래가 "바다에 살고 있고 헤엄을 쳐서 이동하기 때문"이다(본빌레인 2002: 69). 한국과 마찬가지로 미국의 민속 생물학에서 고래가 물고기로 범주화되는 문화적 논리가 매우 유사함을 알 수 있다.

그런데 오늘날 과학 지식이 일반 대중에게 권위 있는 지식으로 확산되면서 '고래'와 관련된 민속 생물학적 분류는 '틀린' 또는 '비과학적인' 것으로 폄훼되어 수정되는 경향이 있다(Dupré 1999 참조). 본고에서 예로 든 고래는 민속 지식과 과학 지식의 관계를 보여주는 하나의 상징적 범주일 뿐이다. 요는 현대 생물학과 민속 생물학은 생물의 분류 기준이 상이하다는 점을 숙고하고 민속 생물학적 분류 체계에 내포된 문화적 논리 및 의미를 그 자체로서 검토할 필요가 있다는 것이다.

3. '괴기'의 종류와 민속분류법

1) 생활형칭 '괴기'의 민속 생물학적 분류

민속 명칭으로 인식되는 바다 동물 중 어강에 해당하는 98개에서 '갯뱀'(둥근물뱀) 1종만을 제외하고 97개가 민속 생물학적으로도 '괴기'로 인식되었다. 그리고 포유강에 속하는 '고래'(여러 종의 고래)와 '돌고래'(여러 종의 돌고래)・'상팽이'(상괭이)도 '괴기'로 인식되었다. 그래서 생활형칭 분류군 '괴기'에 속하는 민속 분류군은 모두 100개로 파악되었다. 바다 동물의 7개 생활형칭 분류군 중에 '괴기' 한 범주가 차지하는 비율이 약 52.1%인 것이다. 민속 명칭의 발달 양상만으로도 어류 범주가 차지하는 문화적 중요성을 넉넉히 짐작할 수 있다. 어촌 사회의 특징적인 언어 양상으로서 어명(魚名)의 분화 및 발달이 강조된 것도 같은 맥락에서 이해할 수 있다(장태진 1969; 왕한석 2009, 2010, 2012).

100개의 민속 명칭으로 지시되는 '괴기'들은, 민족생물학적 등급 구조에서 보면, 생활형칭 등급의 아래서 세 단계의 민속 어류학적 분류체계를 구성한다. 구체적으로는 2개의 중간칭(intermediate)과 53개의 속칭(generic), 61개의 종칭(specific) 분류군으로 구성된 민속 분류법으로 나타난다. <표 2>는 어류의 민속분류법을 정리한 것이다. 등급에 따라 범주화된 분류군의 명칭과 어명으로 지각되는 서해 어류의 종류를 확인할 수 있다.[13]

<표 2> 생활형칭 분류군 '괴기'의 종류와 민속분류법

생활형칭	중간칭	속칭		종칭		비고
		대표형	변이형	대표형	변이형	
괴기	1 비늘 있는 것(有鱗魚)	1.1 고노리		1.1.1 고노리	찰고노리 참고노리	풀반댕이
				1.1.2 쇠뱅에	쇠고노리	청멸
		1.2 고등에	고등어			고등어
		1.3 광에	광어			넙치
		1.4 까나리				까나리
		1.5 꽁치		1.5.1 꽁치		꽁치
				1.5.2 학꽁치		학공치
				1.5.3 청갈치		동갈치
		1.6 날치				날치
		1.7 놀래미				노래미
		1.8 농에	농어			농어, 점농어
		1.9 눈타리				
		1.10 능성어	장성불거지			능성어
		1.11 대구				대구
		1.12 도다리	가재미			가자미

13) <표 2>에서 속칭 등급에서 어류의 나열 순서는 분류군의 수가 많기 때문에 편의상 가나다순을 따랐다. 그러나 종칭 등급에서는 분류군의 수가 적으므로 각 속칭 분류군의 원형 범주가 되는 분류군을 먼저 기술하는 방식을 채택하였다.

생활형칭	중간칭	속칭		종칭		비고
		대표형	변이형	대표형	변이형	
괴기	1 비늘 있는 것(有鱗魚)	1.13 돔	도미	1.13.1 붉돔	빨간돔 참돔	붉돔
				1.13.2 검정돔	감생이 돔	감성돔
				1.13.3 돌돔	줄돔	돌돔
				1.13.4 딱돔	각시돔	군평선이
				1.13.5 청진해		어름돔
				1.13.6 청돔		
				1.13.7 소리갯돔	독수리돔	백미돔
				1.13.8 혹돔		혹돔
		1.14 딘팽이	딘핑이 생피리 등			밴댕이
		1.15 망둥이	망둥에 망둥어	1.15.1 망둥이	망둥어 참망둥이	풀망둑
				1.15.2 홍망둥이	홍망둥어	
				1.15.3 똘짱이	짱뚱이 짱뚱어	말뚝망둥어
				1.15.4 먹짱뚱이	먹짱뚱어	
				1.15.5 밀망둥이		
		1.16 망상어				망상어
		1.17 매퉁이				날매퉁이
		1.18 먹두리				
		1.19 멜치	멸치			멸치
		1.20 물메기				꼼치
		1.21 민에	민어			민어
		1.22 밀짱이	모래무치 보리멜			보리멸
		1.23 박대		1.23.1 박대	참박대 쫄박대	참서대
				1.23.2 각시박대		노랑각시서대
				1.23.3 오박대		
		1.24 방어				방어
		1.25 범치				쑤기미
		1.26 벵치	병치	1.26.1 벵치	병치	병어
				1.26.2 덕재	덕자	덕대
		1.27 뽀드락지				베도라치
		1.28 뽈락				황해볼락
		1.29 삼치				삼치, 평삼치

생활형칭	중간칭	속칭		종칭		비고
		대표형	변이형	대표형	변이형	
괴기	1 비늘 있는 것(有鱗魚)	1.30 상에	상어	1.30.1 참상에	참상어	돔발상어
				1.30.2 지름상에	기름상어 개상어	개상어(?)
				1.30.3 모도리상에	모도리상어	백상아리
				1.30.4 귀상에	귀상어	귀상어
				1.30.5 재욱상에	재흑상어	까치상어
				1.30.6 범상에	범상어	불범상어
				1.30.7 철갑상에	철갑상어	철갑상어
		1.31 서대				박대
		1.32 송에	송어 밴대기 밴댕이			반지
		1.33 숭에	숭어	1.33.1 숭에	참숭어	가숭어
				1.33.2 실치	눈검쟁이 개숭어 칡숭어	숭어
		1.34 싱대				달강어
		1.35 아구				아귀
		1.36 아지				전갱이
		1.37 우럭				조피볼락
		1.38 웅에	웅어			웅어
		1.39 전에	전어			전어
		1.40 정어리				정어리
		1.41 조구	조기	1.41.1 조구	노랑조기 참조기	참조기
				1.41.2 부세	부서 노랑부서 부서조기	부세
				1.41.3 반에	반어 반어조기	수조기
				1.41.4 보구치	백조기	보구치
				1.41.5 황숭어리	황새기 황석어	황강달이
		1.42 준에	준어			준치
		1.43 쥐치	쥐고기			말쥐치
		1.44 짜가사리	삼식이			삼세기
		1.45 청에	청어			청어
		1.46 코숭애				풀반지

생활형칭	중간칭	속칭 대표형	속칭 변이형	종칭 대표형	종칭 변이형	비고
괴기	2 비늘 없는 것(無鱗魚)	2.1 가오리		2.1.1 노랑가오리	가오리	노랑가오리
				2.1.2 제비가오리		나비가오리
				2.1.3 박쥐가오리	쥐가오리	쥐가오리
				2.1.4 큰눈가오리		
				2.1.5 간재미		홍어, 깨알홍어
				2.1.6 홍에	참홍어	참홍어
				2.1.7 주걱대		목탁가오리
				2.1.8 고슴도치		
		2.2 갈치				갈치
		2.3 고래		2.3.1 고래		고래류
				2.3.2 돌고래		돌고래류
				2.3.3 상꽹이		상괭이
		2.4 뱅에	뱅어	2.4.1 뱅에	참뱅어	젓뱅어, 뱅어(?)
				2.4.2 동뱅에		도화뱅어, 국수뱅어(?)
		2.5 복쟁이	복	2.5.1 검복	참복	흰점참복
				2.5.2 황복	노랑복 누렁태	황복, 황해흰점복(?)
				2.5.3 은복		
				2.5.4 깐치복		까치복
				2.5.5 까시복		가시복
				2.5.6 밀복		밀복
				2.5.7 쫄복		복섬
		2.6 짱대	장대			양태
		2.7 짱에	장어	2.7.1 갯짱에	참장어 하모	갯장어
				2.7.2 검정짱에	민물장어 짱에	뱀장어
				2.7.3 붕어지	저울대백이 아나고	붕장어
				2.7.4 꼼장어		먹장어

<표 2>로 정리된 서해 어류의 종류와 민속구분법을 [그림 3]의 바다 동물의 생활형칭 분류군들을 포함하여 전체적인 위계적 구조로 도식화하면 [그림 4]와 같다. 속칭과 종칭 등급은 분류군 수가 많기 때문에 몇 개의 분류군만 표시했는데, 종칭의 경우는 곰소만 어촌에서 심리적 원형으로 나타나는 속칭 분류군 '조구'를 대표로 예시하였다.

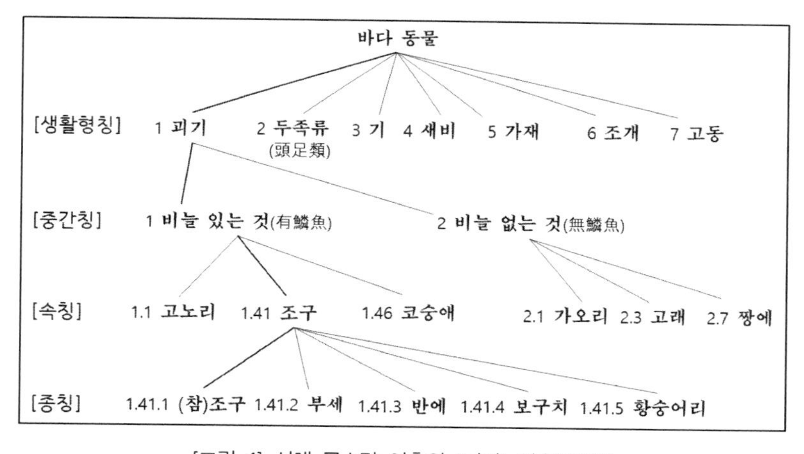

[그림 4] 서해 곰소만 어촌의 '괴기' 민속분류법

그럼 <표 2>와 [그림 4]를 토대로 '괴기'의 민속분류법적 구조의 중요 측면들을 구체적으로 살펴보겠다.

생활형칭 등급의 바로 아래 층위인 중간칭(中間稱) 등급에서 '괴기'는 비늘의 유무와 관련하여 2개의 분류군으로 먼저 구별된다. 이는 어민들이 어류를 인식할 때 비늘이 있는지 없는지가 중요한 특징으로 고려되는 것과 관련된 것이다. 이 중간칭 분류군들은 '비늘 있는 것'과 '비늘 없는 것'으로 구별되어 표현되지만, 관습화된 명칭이

없는 숨겨진 범주에 해당한다. 중간칭 분류군의 내용을 정리하면 다음과 같다.[14)]

1 비늘 있는 것(有鱗魚): 몸에 비늘이 있는 고기
2 비늘 없는 것(無鱗魚): 몸에 비늘이 없는 고기

생활형칭 '괴기'가 개념화되는 중요한 형태적 특징 중 하나가 바로 '몸에 비늘이 있다'는 것이지만, 실제로는 비늘이 없는 고기도 있다. 이러한 생물학적 실재 때문에 비늘의 유무는 어류 범주를 대별하는 요인으로 중요하게 지각된 것으로 보인다. 1814년에 저술된 흑산도 어류에 대한 민속 생물학 고문헌인 『자산어보』를 보면, 어류는 중간칭 등급에서 비늘의 유무에 의거해 '鱗類'와 '無鱗類'로 분류되고 있다(조숙정 2018). 그 당시의 어류 범주가 오늘날과 같은지에 대해서는 별도의 검토가 필요하겠지만, 어류의 중요한 형태적 특징을 비늘의 유무로 지각하고 분류하는 것은 한국의 민족어류학에서 오래된 인지적 양상으로 이해할 수 있다.

말할 것도 없이 어류의 원형성에 토대해 중간칭 등급에서 비늘 있는 고기(有鱗魚)가 이상적인 범주를 구성한다. 이는 '비늘 있는 것(有鱗魚)'이 '비늘 없는 것(無鱗魚)'보다 절대적으로 많은 물고기 종류를 포함하는 범주라는 분류법적 측면에서도 드러난다. 더 나아가 비늘 있는 고기(有鱗魚)가 문화적으로 중요하게 평가되는 양상도 이러한 측면과 무관하지 않을 것이다. 어류를 주제로 한 면담에서 제보자들이 매우 중요하게 반복하는 진술은 특히 제사 문화와 관련해

14) 생활형칭 분류군 '두족류(頭足類)'처럼 '비늘 있는 것'과 '비늘 없는 것'이 숨겨진 범주임을 표시하기 위해서 어민들의 설명을 각각 '有鱗魚'와 '無鱗魚'의 한자로 바꿔 함께 병기하였다.

제상에 올릴 수 있는 고기와 올릴 수 없는 고기의 구분에 대한 이야기였다. 이때 중요한 기준이 바로 비늘의 유무에 따른 형태적 차이로, 비늘 없는 고기는 제상에 올릴 수 없다는 것이었다. 비늘의 유무라는 생물학적 실재에 기반한 어류의 분류 방식은 어류 이용과 관련된 문화적 가치와 태도에도 반영되어 있는 것으로 이해할 수 있다.

그 다음 아래 층위인 속칭(屬稱) 등급은(Berlin 1976: 101, 1992: 24) 민족생물학적 분류체계의 핵심을 구성하는 기본 층위 범주이고, 속칭 분류군들을 인식하는 데 세밀한 관찰이 필요치 않는 동식물의 가장 작은 부류다. 어린아이가 자기 사회의 생물학적 분류체계를 습득할 때 가장 먼저 배우는 분류군에 이 속칭 분류군이 있다.

<표 2>를 보면, 속칭 등급은 모두 53개의 분류군으로 구성된다. 중간칭 분류군 '1 비늘 있는 것(有鱗魚)'에는 '1.1 고노리'부터 '1.46 코숭애'까지 모두 46개의 속칭 분류군이, 그리고 '2 비늘 없는 것(無鱗魚)'에는 '2.1 가오리'부터 '2.7 짱에'까지 모두 7개의 속칭 분류군이 포함된다.

53개 속칭 분류군의 유형을 살펴보면, 하위범주를 포함하지 않는 단형(monotypic) 속칭 분류군이 39개(73.6%)고, 종칭(種稱) 분류군을 포함하는 다형(polytypic) 속칭 분류군이 14개(26.4%)다. 전체 민속 동물학적 분류체계가 아닌 그 일부 생활형칭 분류군에 한정된 것이기는 하지만, 어류 범주의 단형 속칭 분류군이 73.6%인 것은, 전형적인 민속 분류체계들에서 속칭 등급의 분류군 중 대략 80%가 단형적이라는 민족생물학 범주화의 일반적 원리(Berlin 1992: 23, 123)에서 크게 벗어나지 않는 비율이다.

<표 3>은 14개의 다형 속칭 분류군과 그것을 구성하는 하위범주

곧 종칭 분류군의 수를 정리한 것이다. 종칭 분류군은 모두 61개이고 모두 단형적이다. 즉, 생활형칭 분류군 '괴기'는 종칭 등급까지만 분류되고 변칭(變稱) 등급은 분화되지 않았다.

<표 3> 다형 속칭 분류군과 종칭의 수

다형 속칭	고노리	꽁치	돔	망둥이	박대	벵치	상에	숭에	조구	가오리	고래	뱅에	복쟁이	짱에
종칭의 수	2	3	8	5	3	2	7	2	5	8	3	2	7	4

하나의 다형 속칭 분류군은 대개 2~3개의 종칭 분류군으로 구성되는 것이 일반적이며, 6개 이상을 넘는 경우는 드문데, 이런 종칭 분류군들의 집합은 문화적으로 중요한 생물이다(Berlin 1976: 102). <표 3>을 보면, 14개의 다형 속칭 분류군 중 7개는 2~3개의 종칭 분류군을, 그리고 나머지 7개는 4~8개 분류군을 포함한다. 이 다형 속칭 분류군에 포함된 대부분의 어류는 실제로 곰소만 사람들이 생선이나 젓갈 등 먹을거리로 일상적으로 이용하거나 보양식이나 별식으로 즐겨하는 것들이다. 특별히 '1.13 돔'과 '1.41 조구'는 어민들의 어로활동에서 '좋은 고기'나 주 어종으로 평가되는 고기를 포함하는 범주로서 문화적으로 매우 중요하게 인식되는 것들이다.

그러나 종칭 분류군이 7개인 '1.30 상에'와 3개인 '2.3 고래'의 경우는 먹을거리나 어로활동에서 문화적 중요성을 지닌 고기들은 아니다. 이것들은 오히려 유난히 큰 크기와 알이 아닌 새끼를 낳는다는 점에 의해서, 그리고 특히 상어의 경우는 그 위험성 때문에, 두드러지게 지각되었을 것이다. 한편 '1.15 망둥이' · '2.7 복쟁이' · '1.41

조구'·'2.1 가오리'는 서해 어류의 분포상에서 많은 종을 포함하는 농어목 망둑어과·복어목 참복과·농어목 민어과·홍어목 홍어과(이충렬 2004)에 대응하는 민속 분류군들이다. 다시 말해, 생물의 형태적·생태적 특이성과 함께 생물학적 분포상도 다형 속칭 분류군의 형성에 영향을 미치는 것이다. 따라서 다형 속칭 분류군의 양상을 제대로 이해하기 위해서는, 음식이나 생업과 관련된 문화적 양상뿐만 아니라 해당 환경 내에 특정 생물의 근연종이 얼마나 분포하는가도 고려되어야 할 것이다.

한편 명명법상으로 속칭 등급의 어류 명칭들은 모두 일차 어휘소로 나타나 그 분류법적 위치와 일치한다. 어명 중 절반 정도는 '농에'·'민에'·'숭에'·'갈치'·'멜치'·'벵치' 등과 같이 상위범주 명칭 '괴기' 곧 어류를 지시하는 접미어 '-어'와 '-치'를 직접적으로 포함하는 복합형(complex) 일차 어휘소의 유형을 보이고, 절반 정도의 어명은 '고노리'·'돔'·'물메기'·'박대'·'우럭'과 같이 단순형(simple) 일차 어휘소의 유형을 보인다.[15] 이와 달리 종칭 등급의 어류 명칭들은 대부분 속칭명(generic name) 앞에 각 분류군의 변별적 특징을 보여주는 서술어가 결합된 이명법의 이차 어휘소(secondary lexeme)의 유형을 보인다. 예컨대, 속칭 분류군 '1.13 돔'에 포함되는 종칭 분류군 '1.13.1 붉돔'과 '1.13.2 검정돔'은 각각 색깔이 붉고 검다는 점에서 서로 구별되면서 '붉은색을 띤 돔'과 '검정색을 띤 돔'이라는 의미를 지닌 이차 어휘소로 명명된 종칭명(specific name)이다.

다음으로 다형 속칭 분류군의 이상적인 민속 종에 대해서 살펴보

15) 한국어 어류 명칭의 형태적 유형을 분석한 국어학 연구들(이숭녕 1935; 홍순탁 1963; 손병태 1997)에 의하면, 어명의 접미어에 의거하여 한자어 '-어(魚)'형과 고유어 '-치'형·'-이'형 어명이 가장 일반적이다. 곰소만 어촌의 어류 목록에서도 이 세 가지 유형의 어명이 가장 일반적인 어류 이름으로 나타난다. 단, 연구지에서는 '-어'를 '-에'로 발음하는 음운론적 특징을 보인다.

도록 하겠다. 다형 속칭 분류군에는 분류법적 변별성, 출현 빈도, 문화적 중요성 등의 요인 때문에 다른 것들보다 더 그 분류군의 원형적인(즉, 분류군의 가장 좋은 예인) 것으로 생각되는 것이 있다(Berlin 1992: 24). 종칭 분류군은 명명법상 이차 어휘소로 명명된 이름을 가지는 것이 일반적이다. 그러나 종칭 분류군이 그것이 속한 속칭의 원형으로 사고되거나 주요한 문화적 중요성을 지닌 종일 때는 일차 어휘소로 명명되기도 한다(ibid.: 29-30). 전자의 경우는 속칭 분류군의 이름과 같은 어형으로 다의적(polysemous)이며, 대조를 이루는 분류군들과 분명하게 구별되어야 하는 상황에서는 '참(genuine)' · '진짜(real)' · '본디(original)' · '이상형(ideal-type)'의 뜻을 지닌 수식어가 포함되는 이차 어휘소로 명명된다(ibid.: 29). 후자의 경우는 속칭 분류군의 명칭과 언어적으로 구별된 이름이 사용되기도 한다(ibid.: 30).

곰소만 어촌의 민속 생물학적 명명법에서도 다형 속칭 분류군의 원형이 되는 종칭 분류군의 어명은 대개 속칭명과 같거나 속칭명 앞에 접두어 '참-'이 결합된 형태로 나타난다. 게다가 어민들은 "이것이 진짜 ○○이다"라고 설명함으로써 그 진술 방식에서도 원형을 드러낸다. 예컨대, '1.13 돔' 범주에서는, 8개의 하위범주 중에서 속칭과 다의어 관계에 있으면서 변이형에 '참-'이 결합되어 '참돔'으로도 불리는 '1.13.1 붉돔'이 원형임을 알 수 있다. 어민들은 다른 돔들과 구별하여 이것을 "진짜 돔"이라고 설명한다. '1.41 조구' 범주에서는, 5개의 하위범주 중에서 속칭과 다의어 관계이면서 '참조구'로도 불리고 "진짜 조구"로도 설명되는 '1.41.1 조구'가 원형임을 알 수 있다. 게다가 참조기는 "그 자체의 특징에 의해 설명되는 반면에, 나머지 4종류의 조기들은 대체로 참조기와의 대조적 관점에서 그 유사점과 차이점이 설명된다."는 점에서도 참조기가 전체 조기 범주의 원형임을 알 수 있다(조숙정 2012: 263-264).

2) 서해 어류의 원형 '조구'와 조기어업사

그렇다면 생활형칭 분류군 '괴기'의 원형 범주가 되는 속칭 분류군은 무엇일까? 달리 말해, 곰소만 어민들이 고기다운 고기로 두드러지게 인지하는 어류는 무엇일까? 어류의 주요한 형태적 특징이 '몸에 비늘이 있다'는 것이므로, 중간칭 등급에서 보면 '1 비늘 있는 것(有鱗魚)' 분류군에 원형으로 인식되는 고기가 포함될 것이 충분히 예상 가능하다. 그러나 속칭 분류군 중에 그냥 생활형칭 이름인 '괴기'로 명명된 경우는 없으므로, 다의어와 원형의 관계로 해석할 수 있는 언어적 자료가 나타나지 않는다.

이 경우는 곰소만 어민들이 일상생활 속에서 무의식적으로 또는 습관적으로 사용하는 언어를 관찰하고 분석함으로써 이에 대한 접근이 가능할 수 있다. 제보자들이 마을 앞바다에서 나는 고기 종류를 예로 들어야 하는 언어 상황에서 가장 먼저 떠올리는 것이 아마도 심리적 원형이 되는 고기일 것으로 가정할 수 있다. 제보자들은 고기 이름을 열거할 때 거의 항상 '조구'를 맨 앞에 두었다. 그 다음으로 '갈치'와 '농에'·'민에'를 가장 많이 언급하였다. 따라서 '1 비늘 있는 것(有鱗魚)' 중에 '1.41 조구', 특히 참조기로 불리는 '1.41.1 조구'가 가장 이상적인 어류로 인식된다고 할 것이다. '1.41 조구'는 5개의 종칭 분류군을 가진 다형 속칭 분류군으로서 분류법적으로도 이미 중요한 범주임을 앞에서 설명하였다.

그러나 '조구'의 원형성이 그 형태적 특징에만 기인하는 것으로 볼 수는 없을 것이다. 이것은 서해의 대표 어종은 조기라는 사회적 통념이 형성된 역사적 배경과 결코 무관하지 않을 것이다. 조기는 갈치와 함께 이 지역 바다에서 주 어장이 형성되었던 대표 어종이었다. 특히 위도 앞 칠산바다를 중심으로 조기잡이는 오랫동안 서해를 대표하는 전통어업이었으며, 조기와 그 가공물인 굴비는 한국인이 선호하는 맛있는 생선이자 제수용 생선으로서 대량 생산·소비되어 왔다(오창현 2012; 조숙정 2012). 게다가 참조기에 대하여 "이쁘게 빠졌지 야사(참조기는). 지앙[제사] 모시는 조구라."라는 표현처럼(박○님, 여, 1931년생), 참조기는 생김새마저도 긍정적으로 인식된다(조숙정 2012: 266). 다시 말해, 조기가 서해 어류의 원형성을 획득한 것은 전형적인 형태적 특징 때문만이 아니라, 해당 해역에서의 높은 서식 분포상과 유용성이 높은 어로 대상, 제수용 생선으로서 상징적 가치와 시장성 등 문화적 중요성을 획득했기 때문일 것이다.

요컨대, 서해에 위치한 곰소만 어촌에서 어류의 심리적 원형이 조기로 인지되는 것은 서해 어촌의 지역문화적 특징으로 이해할 수 있다. 이것은 서해가 조기어업의 중심이었던 생태적·어업사적 측면에서 발달한 결과일 것이다. 1970년대 이후 칠산바다에서 조기어업은 쇠퇴하였다. 하지만 오랫동안 조기어업이 서해의 어로문화에 큰 영향을 미쳤던 만큼 조기의 문화적 상징성 및 문화적 관심은 곰소만 어민들에게 여전히 지속되고 있는 것으로 보인다.

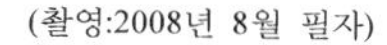

(촬영:2008년 8월 필자)

[그림 5] 조구(참조기)

(촬영: 2009년 2월 필자)

[그림 6] 제수용 조기찜

4. 어업 환경의 변화와 민속 지식의 역동성

끝으로 어류 분류의 변화 또는 그 가능성을 보이는 범주들을 검토함으로써 어업 환경의 변화에 따른 민속 분류 지식의 역동성에 대해 생각해 보고자 한다.

먼저 일부 다형 속칭 분류군에서 원형 범주의 특이성 또는 변화 가능성을 보이는 민속 명칭의 사용 현상에 대해 살펴보겠다. 다음의 사례들은 원형 범주가 아니면서도 일상적으로 상위범주 명칭으로 불리는 하위범주가 나타나는 경우로서, 다의어와 원형의 상관관계를 해석할 때 어업 환경에 대한 전반적인 이해의 필요성을 환기시켜 준다. 다시 말해, 속칭명으로 불리는 종칭 분류군의 변화는 관련 어종들의 서식 밀도 또는 출현 빈도가 달라진 생태계의 변화 및 어로 대상으로서 가치의 재평가 등이 이루어진 어로활동의 변화를 반영해 준다는 점에서 주목해 볼 필요가 있다.

'1.13 돔'과 '2.7 짱에' 분류군에서 '1.13.2 검정돔'(감성돔)과

'2.7.2 검정짱에'(뱀장어)는 원형 범주가 아니면서도 일상적으로 속칭명과 같은 이름으로 불리는 종칭 분류군들이다. 제보자들이 '1.13.1 붉돔'을 '진짜 돔'으로, '2.7.1 갯짱에'를 '진짜 장어'로 설명한다는 점에서, '1.13 돔'과 '2.7 짱에' 분류군의 '진짜 원형'은 '1.13.1 붉돔'과 '2.7.1 갯짱에'가 분명하다. 그러나 어민들은 일상대화에서 '1.13.2 검정돔'을 그냥 '돔'으로, '2.7.2 검정짱에'를 그냥 '짱에'로 부른다. 다의어와 원형의 관계라는 명명법 원리에 의하면, 이 후자의 범주들 또한 각 속칭 분류군의 원형이 될 수 있다. 원형범주가 마치 두 개인 것처럼 보이는 언어적 현상이 나타나고 있는 것이다.

'1.31 돔'의 경우는 왕포 앞바다에서 주로 잡히는 돔의 어종 변화에 수반된 언어적 현상으로 이해된다. 과거 주낙어업 시절 바다에서 주로 잡혔던 돔은 '붉돔'이었으나, 지금은 1년에 한 번 잡힐까 말까 할 정도로 매우 귀한 어종이 되었다. 이와 달리 '검정돔'은 오늘날 가장 흔하게 잡히는 돔 종류고, 도시에서 오는 바다낚시꾼을 대상으로 한 낚시어선업에서 "최고로 쳐주는 돔" 곧 '좋은 고기'로 평가된다. '진짜 돔'인 '붉돔'이 바다에서 사라지면서 그 자리를 '검정돔'이 대신하고 있는 것이다.

다시 말해, 심리적인 측면에서는 여전히 '붉돔'이 원형으로 인지되고 있지만, 실질적인 측면에서는 해당 바다의 생태환경에서 출현빈도와 어로활동 관련 문화적 중요성이 '붉돔'에서 '검정돔'으로 옮겨간 것이다. '검정돔'이 일반성을 획득하게 된 그 실질적인 측면이 '검정돔'을 상위범주 명칭과 똑같이 '돔'으로 부르는 언어적 현상에 반영된 것이다.

(촬영: 2009년 5월 필자)

[그림 7] 검정돔(감성돔)

(촬영: 2011년 5월 필자)

[그림 8] 붉돔(붉돔)

'2.7 짱에'의 경우는 장어 종류의 주 서식지와 경제적 가치의 상관관계에서 발생한 언어적 현상으로 이해된다. '갯짱에'는 그 이름이 보여주는 바와 같이 바다에서만 서식하는 장어다. 그래서 갯장어는 '참장어' 곧 "바다에서 나는 진짜 장어"로 설명된다. 반면에 '검정짱에'는 '민물장어'로 불리는 것처럼 민물에서도 서식하는 장어다. 그래서 바다에서만 사는 '갯짱에'가 민물과 짠물을 오가는 '검정짱에'보다는 '진짜 장어'로 인지되는 것이다. 이것은 바다 중심의 인지체계가 발달한 어촌 마을의 특징을 보여주는 좋은 사례일 것이다.

그러나 '검정짱에'는 곰소만의 '풍천장어'로 유명세를 타면서 장어 종류 중에서도 그 경제적 가치가 매우 높게 평가된다. 게다가 자연산 '검정짱에'도 개체수가 현저히 줄어 귀해지긴 했지만 '갯짱에'보다는 출현 빈도가 높고, 뱀장어를 양식하는 양어장에 팔 '검정짱에' 새끼인 실뱀장어잡이가 곰소만에서 활발히 이루어지고 있다. 오늘날 일상 대화에서 '짱에'가 곧 '검정짱에'를 지시하는 언어적 현상은 '검정짱에'가 '갯짱에'보다 일반성과 경제적 중요성을 지니게 된 어로활동의 변화로 인해 나타난 것이다.

다음으로 세대간 어류 분류 지식의 차이에 주목해 보고자 한다. 상술한 어류의 민속분류법은 대체로 2009년 기준 65세 이상 노년층 제보자들의 지식체계에 초점을 맞추고 있다. 그런데 50대 젊은 어민들에게서 이와 다른 분류법 변화의 가능성을 보이는 두 개의 속칭 분류군이 발견되었다. 하나는 '1.8 농에' 분류군이고 또 하나는 '1.26 벵치' 분류군이다. 농어와 병어는 모두 가치가 높게 인식되는 어종이다.

먼저 <표 2>의 '1.8 농에' 분류군을 보면, 이 범주는 단형 속칭 분류군이다. 그런데 50대 젊은 어민들은 '농에'가 두 종류로 구별될 수도 있는 것으로 진술하였다. 종류별 농어의 명칭과 특징을 정리하면 다음과 같다.

1.8.1 점농에 또는 참농어: 등에 점이 있고 등이 푸르스름하다.
1.8.2 민농에: 등에 점이 없고 등이 거무스름하다.

등에 있는 까만 점의 유무와 등 색깔의 차이로 '농에'를 '점농에'와 '민농에'로 분류하고 있다. 명칭을 보면, '점농에'는 수식어 '점'이 결합하여 점이 있는 농어임을 나타내고, '민농에'는 접두어 '민-'이 붙어 대조적으로 점이 없는 것임을 나타낸다. 즉, 농어의 변별 요인으로 등에 있는 점의 유무가 주요하게 지각된다. 어류도감(김익수 외 2005)을 통해 확인한 바로는, '점농에'는 학명이 점농어(*Lateolabrax maculatus*)이고 '민농에'는 농어(*Lateolabrax japonicus*)로서 실제로 서로 구분되는 생물 종이다.

농어의 등에 있는 점의 유무는 노년층 제보자들에게서도 지각된다. 그러나 점은 농어의 종류를 구분하는 기준이 아니라, 농어를 성장 단계에 따라 미성어(未成魚)와 성어(成魚)로 구분하는 형태적 차이로 나타난다. 다 큰 성어인 '농에'는 등에 점이 없지만, '깔때기' 또는 '깔따구'로 불리는 농어 새끼는 점이 있다고 설명된다.

어민들이 낚시로 잡아온 큰 농어들을 보면 실제로는 점이 없는 것도 있지만 점이 작고 연하게 있는 것들도 있었다. 추론컨대, 왕포 앞바다에 서식하고 있는 생물 종인 점농어와 농어가 어민들에게는 '농에'라는 하나의 속칭 분류군으로 범주화되어 인식돼 왔던 것으로 보인다. 그러다가 어떤 계기를 통해 '농에'가 '점농에'와 '민농에'로 세분될 수 있다는 인식이 출현하였을 것이다.

'농에' 분류군에서 새롭게 나타난 어종의 세분화 현상은 부분적으로 낚시어선업과 관련된 변화로써 설명될 수 있을 것 같다. 연구지에서는 1980년대 중반 이후 낚시어선업이 활성화되어 지금까지 지속되고 있는데, 바다낚시꾼들과의 접촉을 계기로 외부 지식이 전파되어 발생한 변화로 볼 수 있다. 한 번은 낚시꾼이 연구자에게 잡아온 고기를 선별해 보여주면서 "요거 요거 점농어."로 구별했는데, 선장으로 낚시를 갔다 온 마을의 젊은 어민은 "다 농어여. 다 농언데, 점이 많이 들어 있는 거는 점농어다고 그러고, 저거는 그냥 농어지."(김○연, 남, 1960년생)라고 설명했다. 마을 사람들과의 일상 대화에서는 '점농에'와 '민농에'를 구분하지 않고 그냥 '농어'라고 하는데, 낚시꾼이 있는 곳에서는 농어 종류를 세분하는 모습을 보인 것이다.[16] 바다에서 낚시로 잡는 '고급 어종'으로 평가되는 민어와 함께 농어는 바다에서 잡히는 가장 큰 고기여서 낚시꾼들이 이 어종

16) 낚시꾼들이 조개 '생합'을 '백합'이라고 해서 그 이름을 알게 되었다(박○님, 여, 1931년생)는 사례도 유사한 경우일 것이다. 이러한 예들은 이 마을의 경우 민속 명칭에 대응하는 표준어형 또는 과학적 분류의 새로운 생물 명칭이 소개된 중요한 경로 중 하나가 도시 낚시꾼들임을 짐작케 한다.

을 낚으면 매우 좋아한다. 따라서 낚시어선업을 하는 선장들은 농어와 민어 같은 '좋은 고기'에 보다 더 민감할 수밖에 없고, 그와 함께 낚시꾼들이 어류를 구분하는 이름에도 민감하게 반응할 수밖에 없었을 것이다.

오늘날 곰소만 어촌의 전통적인 어류 분류체계에서는 '농에' 하나로 범주화되던 것이 '점농에'와 '민농에'로 구별되는 쪽으로 진행되고 있는 것으로 보여, 앞으로 속칭 분류군 '1.8 농에'는 단형 속칭 분류군에서 다형 속칭 분류군으로 변화될 가능성이 높은 것으로 예상된다.

'1.26 벵치'의 경우는 '1.8 농에'와는 좀 다른 사례다. '1.26 벵치'는 다형 속칭 분류군인데, 하위범주로 '1.26.1 벵치'와 '1.26.2 덕재' 2종을 포함한다. 그런데 50대 젊은 사람들로부터 일종의 '벵치'로 인식되는 '월남 병치'가 보고되었다. 이 '월남 병치'는 병치처럼 은백색에 좌우로 납작하면서 넓적한, 즉 측편형 어종이다. 그러나 크기는 병치보다 훨씬 작다. 이 어종의 학명은 주둥치(*Leiognathus nuchalis*)로 확인되었다. 이 어종은 그물어업을 하면서 잡히기 시작한 고기라서 이름이 없는 고기였는데, 월남에 다녀온 사람들이 이 고기를 보고 월남에서 나오는 병치라고 해서 '월남 병치'라고 부르게 되었다고 한다.

'월남 병치'가 보이는 형태적 특징이 병어와 유사함에 따라 일종의 '벵치'로 지각하고 명명한 사례는, 새로운 어종이 출현했을 때 기존의 어류에 대한 민속 생물학적 지식체계가 토대가 되어 어떻게 새 어종을 지각하고 범주화하는가를 보여주는 좋은 사례일 것이다.

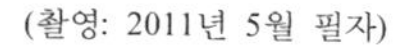
(촬영: 2011년 5월 필자)

[그림 9] 벵치(병어)

(촬영: 2008년 8월 필자)

[그림 10] 월남 병치(주둥치)

그런데 속칭 분류군 '1.26 벵치'의 범주 확장이 실제로 어류의 민속 분류 지식으로 토착화될 것인지에 대해서는 '1.8 농에'의 가능성과는 달리 회의적이다. 왜냐하면 농어가 크기가 큰 좋은 고기로서 낚시에서 선호되는 주 어종이고 맛있는 고가의 횟감으로 널리 식용되는 것과 달리, '월남 병치'는 형태적으로 두드러진 독특한 특징을 가진 것도 아니고 크기도 작은 데다가 맛도 없어서 식용되지 않기 때문이다. 더욱이 주 어종이 될 수 있을 만큼 서식 분포가 높은 어종도 아니기 때문이다. 또한 '월남 병치'라는 명칭 자체도 일부 사람들 사이에서 상당히 잠정적으로 사용되는 것으로 보였다. 따라서 연구지에서 '월남 병치'가 언어적으로 인식되어 민속 어류학적 지식체계에 완전하게 통합될 가능성은 상당히 희박할 것으로 예상된다.

이상으로 살펴본 생물 범주의 사례들은 민속 생물학적 지식체계의 변화 가능성 및 그 방향성을 생각하게 하는 좋은 예들이다. 어류 분류체계에서 나타난 언어적·분류법적 변화 현상은 곰소만 지역의 어류 분포상·어로 기술·시장의 선호 어물 및 가격 변동, 그리고 과학 지식에 토대한 외부 지식의 전파 등 어업 환경의 변화와 밀접히 관련된 것이었다. 곰소만 어민들은 이 변화하는 바다 환경 및 어업 상황에 대한 반응으로 그들의 민속 분류 지식을 조정해 나가는 문화적 역동성을 또한 보여주었다.

5. 맺음말

이 연구는 한국의 동식물이 개념화되는 문화적 방식을 규명하기 위해서 해양 생물의 분류에 대한 어민들의 민속 지식에 주목하였다. 서해 곰소만 어촌의 민족지적 사례를 바탕으로 특히 어류에 초점을 맞추어 민속 생물학적 분류체계를 살펴보았다. 본고에서는 크게 세 가지 측면을 검토하였다.

첫째, 민족생물학의 보편적 구분 모델에 따라 어류를 포함한 '바다 동물'이 생활형칭 등급에서 범주화되는 방식을 찾아내었다. 바다 동물은 형태적 특징과 물속에서의 이동성에 따라 '괴기'·'두족류(頭足類)'·'기'·'새비'·'가재'·'조개'·'고동'의 7개 생활형칭 분류군으로 구분되었다. 바다 동물의 전형적 특징은 비늘과 지느러미가 있고 물속에서 헤엄쳐 다닌다는 것으로 인지되었고, '괴기' 곧 어류가 가장 전형적인 범주로 나타났다. 이 어류의 원형성에 의거해 고래가 민간에서 포유류가 아니라 어류로 사고되는 논리를 이해할 수 있었다.

둘째, 생활형칭 분류군 '괴기'가 민족생물학적으로 분류되는 구체적인 방식을 찾아내었다. 곰소만 어민들은 바다 동물 중에서도 특히 '괴기' 범주에 대한 풍부하고 발달된 지식체계를 가지고 있었다. 이것은 어류가 가장 전형적인 바다 동물로 인지되는 것과 결코 무관하지 않을 것이다. 민속 명칭으로 인식되는 100개의 어류들은 2중간칭 53속칭 61종칭 분류군으로 구성된 위계적 구조로 체계화되었다. 어류는 먼저 중간칭 등급에서 '비늘의 유무'에 따라 2개 범주로 구분되었다. 이는 19세기 어보인 『자산어보』에서 어류를 '鱗類'와 '無鱗類'로 범주화하는 방식과 같은 것이다. 따라서 어류를 비늘의 유무로 지각하고 분류하는 것은 한국의 민족어류학에서 상당히 오래된 인지적 양상으로 이해할 수 있다. 곰소만 어민들이 가장 전형적인 고기로 생각하는 것은 조기였다. 조기가 서해 어류의 원형 범주로 인지되는 것은 어류의 원형성에 준하는 형태적 속성에 기인하는 것이기도 하지만, 서해가 조기어업의 중심이었던 생태적·어업사적 측면과 관련된 지역문화의 차원에서 특징임을 알 수 있었다.

셋째, 어류를 분류하는 민속 지식에서 나타나는 변화의 측면을 살펴보았다. 도미와 장어의 속칭 분류군에서는 원형 범주가 마치 두 개인 것과 같은 언어 현상이 발견되었고, 농어와 병어의 속칭 분류군에서는 종칭 분류군이 세분될 수 있는 변화의 가능성이 나타났다. 이와 같은 언어적·분류법적 현상들은 곰소만 지역의 어류 분포상·어로기술·시장의 선호 어물 및 가격 변동, 그리고 과학 지식에 토대한 외부 지식의 전파 등 어업과 관련된 환경 변화를 반영하는 것이었다. 곰소만 어민들은 이 변화하는 바다 환경 및 어업 상황에 대한 반응으로 그들의 민속 분류 지식을 조정해 나가는 문화적 역동성을 보여주었다.

이 글은 경험적인 민족지적 사례를 토대로 한국 어류의 민속 생물학적 분류체계를 본격적으로 논의하고 있다는 점에서 연구의 의의를 찾을 수 있다. 어민 문화를 이해하는 데 중요한 측면임에도 불구하고 그동안 해양 생물에 대한 한국 어민들의 민속 지식에 대한 경험적 연구는 매우 제한적이었다. 어류 분류에 대한 곰소만 어촌의 민족지적 사례를 통해 생물 분류에 대한 민속 지식이 해당 지역의 생태환경에 토대한 지역민들의 경험적 구체성과 역사성을 지닌 체계화된 '민속 과학 지식'임을 알 수 있었다.

또한 이 연구의 성과는 민족생물학의 보편적 구분 모델이 한국 사회의 생물 분류 방식을 분석하는 데도 유용한 접근법임을 보여주었고, 민족생물학적 분류의 보편성과 특수성을 검토할 수 있는 한국의 민속 생물학 사례를 제공하였다는 점일 것이다. 그러나 본고에서는 바다 동물의 생활형칭 분류군과 어류의 민속분류법에 연구 범위를 제한하고 있는 한계가 있기 때문에, 앞으로 한국 생물에 대한 민족동물학과 민족식물학에 대한 전면적인 연구로 확대해 나가야 할 것이다.

특정 바다에 서식하는 해양 생물의 분포 상태는 그 해역(海域)의 지형 · 지질 · 해황(海況) 등의 지배를 받는다(정문기 1977: 631). 삼면이 바다인 우리나라의 각 해역은 바다 환경의 특성이 서로 다르기 때문에 해양 생물의 분포상도 상이한 것으로 보고된다(정문기 1977: 631-634; 이충렬 2004: 71-72; 김익수 외 2005: 36-38). 따라서 세 해역의 어류 분류에 대한 민족지적 사례에 기반한 민속 생물학적 연구를 축적하고 이를 지역 지식의 특수성과 한국 문화의 보편성의 차원에서 비교 검토해야 할 것이다. 그럼으로써 해양 생물과 관련된 한국의 민속 생물학에 대한 보다 종합적인 이해로 나아갈 수 있을 것이다.

참고문헌

김익수 외, 2005, 『한국어류대도감』, 서울: 교학사.

본빌레인, 낸시 (한국사회언어학회 역), 2002, 『문화와 의사소통의 사회언어학』, 서울: 한국문화사.

손병태, 1997, "경북 동남 지역의 어류 명칭어 연구," 『영남어문학』 32: 149-163.

아키미치 토모야 (이선애 역), 2005, 『해양인류학: 해양의 박물학자들』, 서울: 민속원.

양만정, 1985, 『부안의 얼: 지명과 설화』, 부안: 부안군교육청.

오창현, 2012, "18-20세기 서해의 조기 어업과 어민문화," 서울대학교 인류학과 박사학위논문.

왕한석, 1996, "제주 사회에서의 조 및 관련 명칭에 대한 일 연구," 『한국문화인류학』 29(2): 341-360.

______ 2009, 『한국의 언어 민속지 1: 서편』, 경기 파주: 교문사.

______ 2010, 『한국의 언어 민속지: 전라남북도 편』, 서울: 서울대학교출판문화원.

______ 2012, 『한국의 언어 민속지: 경상남북도 편』, 서울: 서울대학교출판문화원.

______ 2016, 『한국의 언어 민속지: 충청남북도 편』, 서울: 서울대학교출판문화원.

이숭녕, 1935, "어명잡고(魚名雜攷)," 『진단학보』 2: 134-149.

이충렬, 2004, "한국 서해 어류상의 재검토," 『한국어류학회지』 16(1): 60-74.

장태진, 1969, "물고기 이름의 어휘 연구: 어부 집단을 중심으로," 『한글』 143: 112-141.

정문기, 1977, 『韓國魚圖譜』, 서울: 일지사.

정약전 (정문기 역), 1977, 『玆山魚譜: 흑산도의 물고기들』, 서울: 지식산업사.

조경만 · 김하송, 1994, "조약도의 약용식물에 대한 지역 주민들의 경험," 『도서문화』 12: 187-202.

조숙정, 2008, 『콩에서 발견한 전북의 음식문화』(2008 전북민속문화의해 전북의 민속문화 3), 서울: 국립민속박물관.

______ 2010, "콩(豆)의 민족생물학적 분류체계에 관한 일 고찰: '콩'과 '팥'

의 명칭과 범주화를 중심으로," 국립민속박물관 (편), 『한국민속학 · 일본민속학 VI』, 서울: 국립민속박물관, pp.85-123.
______ 2012, "조기의 민족어류학적 접근: 서해 어민의 토착 지식에 관한 연구," 『한국문화인류학』 45(2): 241-280.
______ 2014, "바다 생태환경의 민속구분법: 서해 어민의 문화적 지식에 관한 인지인류학적 연구," 서울대학교 인류학과 박사학위논문.
______ 2017, "곰소만 어촌의 어로활동에 관한 민족지적 연구: 1970년대 이후 어업의 변화를 중심으로," 『비교문화연구』 23(2): 105-143.
______ 2018, "조선시대 어보의 민족생물학적 재해석: 정약전의 『玆山魚譜』를 중심으로," 『한국문화인류학』 51(2): 281-324.
홍순탁, 1963, "자산어보와 흑산도방언," 『호남문화연구』 1: 75-104.
Anderson, Eugene N., 1967, "The Ethnoichthyology of the Hong Kong Boat People," Unpublished Ph.D. dissertation, University of California, Berkeley.
Berlin, Brent, 1972, "Speculations on the Growth of Ethnobotanical Nomenclature," *Language in Society* 1(1): 51-86.
______1973, "Folk Systematics in Relation to Biological Classification and Nomenclature," *Annual Review of Systematics and Ecology* 4: 259-271.
______1976, "The Concept of Rank in Ethnobiological Classification: Some Evidence from Aguaruna Folk Botany," reprinted in Ronald W. Casson (ed.) 1981, *Language, Culture, and Cognition: Anthropological Perspectives*, New York: Macmillan, pp.92-113.
______1992, *Ethnobiological Classification: Principles of Categorization of Plants and Animals in Traditional Societies*, New Jersey: Princeton University Press.
Berlin, Brent, Dennis E. Breedlove, and Peter H. Raven, 1966, "Folk Taxonomies and Biological Classification," reprinted in Stephen A. Tyler (ed.), 1969, *Cognitive Anthropology*, New York: Holt, Rinehart and Winston, pp.60-66.
______ 1968, "Covert Categories and Folk Taxonomies," *American Anthropologist* 70(2): 290-299.
______ 1973, "General Principles of Classification and Nomenclature in Folk Biology," *American Anthropologist* 75(1): 214-242.

Casson, Ronald W. (ed.), 1981, *Language, Culture, and Cognition: Anthropological Perspectives*, New York: Macmillan.

Dupré, John, 1999, "Are Whales Fish?" in Douglas L. Medin and Scott Atran (eds.), *Folkbiology*, Massachusetts: MIT Press, pp.461-476.

Hunn, Eugene S., 2001, "An Ethnozoological Perspeictive on the Ethnobiological Enterprise," in Richard I. Ford (ed.), 2001, *Ethnobiology at the Millennium: Past Promise and Future Prospecsts*, Michigan: University of Michigan, Museum of Anthropology, pp.101-110.

______ 2007, "Ethnobiology in Four Phases," *Journal of Ethnobiology* 27(1): 1-10.

제3장

한국 멸치 소비문화에 관한 일상의 민속학:

한일 멸치 어업기술의 전파와 수용에 따른 식생활 변동을 중심으로

한국 멸치 소비문화에 관한 일상의 민속학: 한일 멸치 어업기술의 전파와 수용에 따른 식생활 변동을 중심으로*

오 창 현 (국립민속박물관 학예연구사)**

1. 서론

현대 한국인의 일상에서 가장 친숙한 물고기를 꼽으라면 단연코 멸치 (학명 Engraulis Japonicus, 영명 Japanese Anchovy)일 것이다. 한국에 살고 있는 이라면 누구나 멸치가 들어간 요리를 쉽게 접할 수 있다. 멸치볶음은 가정집이나 한식당에서 가장 많이 그리고 쉽게 접할 수 있는 밑반찬 중 하나이다. 또, 매끼 식탁에 오르는 김치에 가장 많이 들어가는 재료 역시 멸치로 만든 젓국이다. 이뿐 아니라 많은 지역에서 멸치를 우린 국물을 사용해 된장국, 떡만둣국, 칼국수 등을 요리하고 있다. 이처럼 멸치는 우리 일상에 가장 깊숙이 들어와 있는 생선 중에 하나이다.[1)]

본 연구의 목적은 바로 이 멸치가 우리의 일상 속에 깊이 들어오

* 본고는 2018년 11월 제60차 한국문화인류학회(부경대학교 개최)에서 발표되었고, 이후 『한국문화인류학』제51집 3호 (2018년 11월, pp 109-158)에 실린 논문을 편집상 일부 수정한 것이다.
** 국립민속박물관 학예연구사, hayfever@daum.net

1) 이 논문에서 분석한 자료는 2015~2018년 한국과 일본 각지에 대해 이루어진 연구 및 참여 관찰에 기초하고 있다. 2018년 경북 경주, 도야마현 히미시, 이시카와현 와지 마시, 아오모리현 시모키타군 등지에서 이루어진 협업에서 현장 연구에 대해서는 오창현(2018)을 참조 할 수 있다.

게 된 역사적 과정을 고찰하는 것이다. "매일매일 반복되고 지루하게 계속되며 별다른 성찰 없이도 일어나는 행위들"인 일상을 포착하는 일은 인식할 수 없을 만큼 "무수한 사상을 취사선택"하는 과정을 함축한다. 눈앞에 벌어지는 무한한 사상 중에서 무엇을 강조하고 무엇과 연결시켜 설명할 것인가를 결정하는 과정에서 참여관찰이나 비교 문화적 관점은 매우 유용한 방법론이 된다(이창언·노용석 2014: 62).

이처럼 '당연시'되고 있기에 잘 자각되지 않는 일상은 사실 장기적인 역사적 과정의 산물이다. 일상은 한 문화 요소가 한 집단의 관습이 되어 가는 과정으로써, 계층 및 지역 간의 상호 작용과 협상을 거쳐 형성된다. 이와 관련해 민츠(Mintz 1998)나 코(Coe 2000[1996])는 권력적, 의례적 상징의 물질적 표상인 설탕과 초콜릿이 계층적, 지리적으로 확산되는 과정을 조명한 바 있다. 또, 오창현(2015)은 도미와 조기를 중심으로 의례적·민족적 선호가 식민지 조선의 어업 경제 구조를 정향해간 과정을 규명한 바 있다. 단, 이 논문에서 다루는 멸치는 앞의 연구들이 다룬 의례적·권력적 표상인 '특별한 시점을 만들기 위해 사용되는 메시지를 담은 대상'(민츠 1998: 187)과 대척점에 있는 '사물'이다. 일상 속에 편재하기에, 다시 말해 오히려 너무 사소하고 당연한 것으로 인지되기에 문화적 힘을 갖는 사물이다. 이처럼 멸치가 너무 일상적인 사물이라는 점이 이 연구의 이론적 출발점이다.[2] 이 연구는 방법론적인 측면에서 다음 두 가지 지점에 주목한다.

먼저, 이 논문의 연구방법론은 문화의 역사성에 대한 문화인류학

2) 통계가 작성된 이래 단 몇 해를 제외하면, 멸치는 한국 내 수산물 중에서 어획량이 가장 많았다(국가통계포털 http://kosis.kr/ 참조). 그리고 아마도 세계에서 1인당 소비량도 가장 많은 생선일 것이다.

적 연구방법론, 즉 민속학 연구의 연장선상에서 이해될 수 있다.[3)]민속학은 헤게모니를 가진 계층이나 지역의 문화가 계층 간 혹은 중앙/지방 간 상호 작용을 통해 확산되면서 기존의 문화가 쇠퇴하거나 잔존하는 변동 현상에 관심을 가져왔다(김택규 1982). 이 같은 관점은 연구자의 눈앞에서 포착되는 현상이 일정한 지역을 벗어난 계층 간, 지역 간 상호 작용을 통해 형성되어온 역사적 산물이라는 인식에 토대하고 있다.[4)] 이 논문이 시도하는 일상 연구 방법론은 선행 연구와 인식을 같이 하면서도 정반대의 지점에 서 출발한다. 즉, 과거 한때 편재했으나 시간에 따라 쇠퇴해 잔존해 있는 문화[5)]가 아니라 우리 생활 속에 '당연'하게 편재하는 일상이라는 '문화적 사실'로부터 출발한다. 다시 말해, 의식하거나 의도하지 않은 채 반복되는 행위가 광범위한 지역에서 편재하고 있다는 사실 자체가 일상 연구의 출발점이 되어, 일상의 역사성, 즉 일상을 만들어온 기술 조건, 국가 정책, 계층 간, 지역 간 모방과 창조 등의 다양한 역사적 과정을 추적해 나간다.

두 번째, 이 논문은 식민지와 피식민자에 대한 균형 있는 접근을 시도하며, 특히 피식민자의 입장에서 일상의 장기적인 변화 과정을 추적한다. 일상은 잔존 문화와 마찬가지로 개별 행위자의 지향성이

---

3) 독일 민속학의 경우, 18세기 후반 형성과정에서 18세기 이후 주로 농어민의 일상생활을 기록하는 것에서 출발했다. 이후 이러한 경향이 더욱 강화되어 형이상학적 연구에서 '아래로 부터의 참여관찰'을 통한 일상문화연구에 집중하게 되었다(김면 2012: 167-168). 또한 독일에서 일상사 연구는 문화인류학 이론의 영향을 받으며, 실증적 문화학인 민속학과의 협업에서 태동했다(뤼트케 2001[2000]: 29-36). 독일 민속학계의 흐름과는 별개로, 국가의 대다수를 구성하는 각 지역의 농어민의 일상을 기록한다(혹은 해야 한다)는 점은 이론적 기여 여부를 떠나 민속학에 학문적 당위성을 부여해 주었다.

4) 도쿄대학 문화인류학연구실의 이와모토 미치야(岩本道弥) 교수 중심의 일본 민속학계라는 표현이 더 정확할 것이다. 이와모토(2015)는 민속학이 일상을 연구대상으로 설정해야 한다는 점을 밝히고 있다.

5) 따라서 초기 민속학 이론은 계층 간, 중앙-지방 간 관계 속에서 시간에 따른 문화 변동 원리를 해명하는 것과 관련되었다. 이와 관련해서는 유럽 역사민족학 이론을 수용해 발전시킨 1930년대 야나기타 쿠니오(柳田國男)의 민속 인식과 이론에 대한 이와모토(2006: 31-32)의 논의를 참조할 필요가 있다.

뚜렷하게 드러나는 행위가 아닌 경우가 많다. 이로 인해 일상은 역사적 실재는 사라지고 역사적, 정치적 담론의 대상이 되기 쉬운 경향이 있다. 특히, 일제의 식민지기를 경험한 일제강점기 문화 변동과 관련해 한국인의 일상이 식민지기를 거치며 왜곡(파괴)되었다거나 완전히 새롭게 형성되었다는 매우 이분법적인 담론으로 귀결되는 경우가 많다(오창현 2016).[6] 식민지 지배와 통치의 헤게모니적 측면을 고려할 때 피지배자가 지배자로부터 상대적으로 더 많은 영향을 받게 된다는 점은 일견 '매우 자연스러운 일'이다. 그러나 이러한 측면만을 강조하는 입장은, 피지배자의 능동성을 간과해 일방적으로 영향을 받아들이는 수동적인 존재로 그려내고 말 우려가 있다. 이 논문은 지배자 문화를 자신들의 문화 속에 수용(심지어 거부)해 가는 피지배자들의 능동적인 측면에 주목할 것이다(오창현 2014a).[7]

위와 같은 관점에서 이 논문은 정어리와 멸치를 양자를 구분하지 않거나 하나의 범주로 간주하는 일본과 달리, 한국에서는 양자를 명확히 구분한다는 비교문화적 관점에서 일제강점기 멸치 어업과 소비 변화를 분석 해 나간다. 일본어에는 "가타구치이와시(片口鰯)"나 "세쿠로이와시(背黒鰯)" 등 한국의 멸치에 해당하는 용어가 있기는 하다. 그러나 용어에서도 알 수 있듯이 보통 일본인은 멸치를 이와시(鰯·鰮)의 일종으로 인식하며, 필요한 경우가 아니라면 양자를 구분해 표기하지 않는다. 이러한 일본의 멸치, 정확히는 이와시 문화는 식문화와 농업기술, 그에 기반한 도농어촌 간 지역 체계를 반

---

6) 이러한 방법론에서 오창현(2014b)은 현대 어민 의례를 분석한 바 있다.

7) 이러한 의미에서 "문헌 연구 과정에 들어서야 일제강점기를 거치며 멸치가 우리 밥상에 오르게 되었다는 것을 분명히 알게 되었다. 근대기 일본인의 멸치어장 침탈과 함께 우리의 식탁도 일본식 어식 문화로 변해간 것이다"는 김수희(2015)의 주장은 좀 더 섬세해질 필요가 있다. 즈비에르트카(Cwiertka 2012)는 일제강점기 식문화 변동과 관련해, 일제 혹은 일제의 유산에 의해 현대 한국의 식문화가 만들어졌다는 관점을 취하고 있다.

영하고 있다(古田悅造1996: 1장). 더욱이 이러한 차이는 한국 연구자들이 문헌자료에서 멸치 어업을 정어리 어업과 구분하거나 이와 시의 용도에 따라 상이하게 나타나는 문화적 범주를 인식하기 어렵게 만드는 요인이 되었다.

이 논문은 먼저, 한일 간의 인지 차이와 그 역사 문화적 배경에 주목하면서 양국의 소비 문화적 차이를 규명한다.[8] 그리고 한일 멸치 소비문화의 차이, 한반도 내 멸치의 회유 경로, 지역별 기후 조건 등을 고려하며, 개항 이후 일본의 영향 및 한국 문화 변동 양상을 규명해 나갈 것이다. 이 과정에서 봄철 남해안에 산란한 뒤 서해와 동해를 따라 북상했다가 가을철 동해안에 산란하며 남하하는 멸치의 생태적 특성이 지역 간 어업의 차이를 초래했고, 이 점이 한국 내 지역별 기술 변화와 수용 양상을 설명하는 데 매우 중요하다는 점을 보여줄 것이다. 궁극적으로 이 논문은 한국인의 일상 속에 멸치가 들어오게 된 역사적 과정이 식민성 혹은 탈식민성만으로 일률적으로 설명될 수 없으며, 자연지리, 생태와 기술 조건, 시장 통합 및 분리, 국가 정책 등의 다양한 요소들이 영향을 미쳐온 매우 복잡한 현상이었음을 보여줄 것이다.

8) 이 점에 대한 이론적 논의는 문학계의 서발턴에 대한 문제제기(스피박 2013)와도 맥을 같이 한다. 인류학계에서는 안승택(2009)이 자연환경의 차이에 기반한 농업기술의 식민지적 수용/거부 과정을 보여준 바 있다.

2. 한국의 멸치 분류와 정어리

1) 조선 후기 멸치 분류와 소비

멸치는 일본 큐슈 서부와 한반도 남부에서 월동하며 계절 변화를 따라 회유한다. 한반도 남안에는 3~4월부터 접근하기 시작해 서해와 동해를 회유하고 8월 이후 남하해 제주도 남부 해역에서 월동한다. 일반적으로 동해가 서해에 비해 북상하는 시기가 약간 빠르다. 한반도 대부분의 지역을 회유하기 때문에 각 지역에서 멸치를 부르는 말이 발달했다.[9] 수산경제학자 정문기는 일제강점기인 1931년 4월 24일부터 5월 10일 까지 12회에 걸쳐 "朝鮮水産物中一位인 東海의 멸치"라는 기사를 『동아일보』에 연재한 바 있다. 4월 25일자 기사에서 정문기는 1. 멸치, 2. 정어리, 3. 곤어리(조선이와시), 4. 웃터리(우루메이와시)의 모두 4종을 멸치로 소개하고 있다.[10] 여기서 정문기는 "멸치"가 "멸치 전 종류를 총칭하는 동시에 가타구치이와시를 가르치는 말"이라고 정의한 뒤, "멸치"의 하위 범주에 멸치를 두고 있다. 즉, "정어리는 일본, 조선에는 이전부터 생산되어 있는 멸치"이면서 또, 멸치가 아니기도 한 것이다. 1931년 동아일보에서 보

---

9) 단, 이 논문의 연구 과정에서 다양한 인터뷰가 진행되었지만, 소비 행위 자체가 개인별 편차가 뚜렷하다는 점, 또 현재 한국의 식문화를 정리한 연구 성과가 부재하는 점으로 인해, 개별 행위자의 소비 변동을 추적하지는 않는다. 오히려 전체 '소비자' 경향에 민감하게 반응해 온 생산자(어획, 가공, 유통)에 주목하며 개별 소비자 사례를 분석할 것이다.

10) 정문기(1953: 48)는 서울・경기를 비롯한 각 지방의 멸치 방언을 소개하고 있다. 그대로 옮겨보면 "행어(濟州及輿地勝覽), 멸치 蔑致魚, 蔑魚(全南北 慶南 忠南), 멸으치 蔑五致(南海岸), 멜, 멸어치(濟州道), 멸(全南), 멧치(漁大津, 庫底 海金羅), 멸치(黃海道 長淵, 松禾, 平北鐵山 圓島), 돗자래기(夢金浦), 멋 魚孱魚(李晩永著, 才物譜), 幾魚, 滅魚(韓國水産誌), 鯫鰌 멋 (佃漁志), 末子魚, 鱴兒 幾幾(以上 牛海異魚譜), 잔사리(仔魚를 遮湖에서), 鯫魚 속명蔑魚 멸치(黑山島 玆山魚譜), 순봉이(열치大者(鐵山郡 圓島), 앵메리(5寸 大者를 江陵에서) 노르맥이 或 노랑고기(稚魚, 咸南 遮湖에서 이민수에 近似한 黃色體이고 頭部가 크고 腹部가 넓은 者를 노르맥이라고 칭 한다), 드중다리멸치, 혹은 중다리(中形멸치를 浦項에서), 사화멸치 或 눈퉁이(稚魚를 浦項에 서), 국수멸(稚魚를 진도에서)"라고 정리하고 있다. 『동아일보』, 1931.4.25.일자.

여 준 정문기의 어휘 분류상의 혼동은 정어리와 멸치를 문화적으로 잘 구분하지 않고 흔히 "이와시"라고 통칭하는 일본의 어휘 체계를 반영하고 있다. 광복 후 정문기(1953)는 근대 생물학적 분류를 시도했는데, 정어리와 눈퉁멸을 청어과에 넣고, 멸치와 곤어리를 멸치과에 넣고 있다.

<표 1> 멸치와 근연종의 분류

표준어	방언	학명	분류
멸치	–	Engraulis japonicus	청어목 멸치과
곤어리	기름밴지(충남), 고노리(전남)	Thryssa koreana	청어목 멸치과
정어리	–	Sardinops sagax	청어목 청어과
눈퉁멸	퉁멸(전남 완도)	Etrumneus teres	청어목 청어과
샛줄멸	운어리, 꽃멸(제주도)	Spratelloides gracilis	청어목 청어과
청어새끼	솔치	Clupea pallasii CUVIER et VALENCIENNES	청어목 청어과
까나리	공멸(경남 남부)	Ammodytes personatus Girard	농어목 까나리과

멸치와 근연종의 분류체계는 일본과 한국에서 상이하게 나타난다. 우선, 한국에서는 멸치와 정어리를 구분하고, 멸치와 유사한 어종으로 눈퉁멸, 샛줄멸을 두고 있다. 여기에 경남 사천 삼천포나 통영 일대에서는 까나리를 "공멸"이라고 부르며 멸치의 일종으로 구분하기도 한다. 그러나 일본에서는 이와시(いわし)라는 범주 아래에서 마이와시(マイワシ, 정어리), 가타구치이와시(カタクチイワシ, 멸치), 우루메이와시(ウルメイワシ, 눈퉁멸)를 구분한다. 또, 한국에서 지역에 따라 멸치의 하위 범주로 분류하곤 하는 샛줄멸(キビナゴ)과 공멸(혹은 까나리, イカナゴ)은 이와시의 일종으로 분류하지 않는다. 샛줄멸과 공멸은 상대적으로 고급 요리 재료에 속한다. 여기서는 멸치와 정어

리를 하나의 범주 안에서 구분하는 일본과 달리, 한국에서는 조선 후기부터 양자가 구분되는 별개의 범주였다는 점에 주목해 보겠다.

1800년경 경남 진해만의 어종을 조사해 출판한 『우해이어보(牛海異魚譜)』의 "증얼말자어(蒸櫱末子魚)"를 보면, 당시 정어리와 멸어를 명확히 구분하고 있었음을 알 수 있다. 저자는 증얼(蒸櫱), 즉 정어리는 관북 지방의 '비의청어(飛衣鯖魚),' 즉 청어와 비슷하다고 기술한다. 증얼은 굽거나 국에 넣어 먹을 수 있지만, 빨리 상해 두통이나 장려병(瘴癘病)을 일으키곤 해 많이 먹지 않고 어족이 귀한 이웃한 내륙 지방에 판다고 적는다. 정어리와 함께 정어리와 유사하지만 매우 작은 "말자어(末子魚)"를 설명하며 거의 동일한 멸치에 대해서도 소개하고 있다. 말자어는 '여타의 연해 지방과 서울'에서 건어물로 소매되는 '멸아(鱴兒)'와 유사하다. 이 지방에서도 "멧(幾)"이라고 부르는 "멸(鱴)"을 생산하고 있는데, 말자어와 마찬가지로 생선이나 건어물로 소비한다고 기록했다.

19세기 초반의 이규경의 『오주연문장전산고(五洲衍文長箋散稿)』의 "온어변증설(鰮魚辨證說)"을 살펴보면, 당시 멸치의 어업이나 소비 상황뿐 아니라 일본의 "멸치"에 대해서도 언급하고 있다. 이규경은 멸치를 동북해 수족으로 바닷가 주민들이 건조하지 못해 부패한 것은 비료(糞田)로, 생어는 탕으로, 건어는 일용상찬으로 사용한다고 적는다. 특히, 멸치의 소비를 북어가 나라에 넘쳐나는 것(然不若北魚之遍溢一國也)에 비교하며 언급하고 있다. 이어 고래가 멸치를 먹는 것을 묘사한 뒤, 다음과 같이 조선의 멸치를 왜인의 멸치와 비교하고 있다.

> 왜인은 멸어 3~4개를 매일 공급해 반찬으로 삼는다고 한다. 몸

을 굽혀 물어 본 바, 이 물고기는 우리의 멸어와 동일하지만 전어(鱅魚)처럼 크다고 답했다. 즉 왜국에서 나는 것은 매우 크다. 【수년전 표류한 왜인이 관동 울진현에 도착 했는데, 우리의 건조기와 같은 건어를 가득 싣고 있었다. 그 모양이 청어와 유 사하지만 다르다고 했다. 그것이 즉 멸어일 것이다(其狀似青魚而非云. 此卽乾蔑魚也.).】 이를 적어 박물학자들에게 알린다.

위의 인용문에 따르면, 일본에서 "멸어 3~4개를 매일 공급해 반찬"으로 먹는데, 일본의 것이 매우 크다는 것이다. 또, 울진에 표류한 일본인이 가져온 건어는 멸치와 유사하지만 전어(鱅魚)처럼 크고, 청어(青魚)와 유사하지만 상이하다는 점을 인식하고 있었다. 이때 일본인이 가져온 건어가 정어리일 가능성이 높아 보인다.

다음으로 19세기 초반 서유구의 『전어지(佃漁志)』에 실린 "鮧鰌(이추), 멧"에 대한 기술을 살펴보겠다. 앞서 두 자료가 한반도 동북해와 경남 진해만 사례만을 다룬 것에 비해, 동해산과 서남해산 멸치를 서로 비교하고 있다. 동해의 멸치는 방어에 쫓겨 오기에 방어를 보고 잡아 모래사장에 늘어놓고 햇볕에 말려 팔거나 비를 맞아 썩으면 거름으로 쓴다. 서남해에서도 멸치가 나지만 동해만큼 많지 않다. 멸치는 나라 안에 유통되어 시골에 서도 먹을 수 있다(然亦有溢國中, 爲野人腥口之者)고 적는다. 마지막으로 19세기 초반 정약전의 『자산어보(玆山魚譜)』의 "멸치" 항목을 통해, 서남해 도서지방에서 멸치 어업과 소비 상황을 검토해 보겠다.

6월 초에 연안에 나타나 서리 내릴 때에 물러간다. 성질은 밝은 빛을 좋아한다. 밤에 어부들은 불을 밝혀 가지고 멸치를 유인하여, 함정에 이르면 손 그물로 떠서 잡는다. 이 물고기로는 국이나 젓갈을 만들며, 말려서 포로 만든다(惑羹惑醢惑腊惑爲魚餌). 때로는 말려 가지고 고기잡이의 미끼로 사용하기도 한다. 가거도에서 잡히는 놈은 몸이 매우 클 뿐 아니라 이곳에서는 겨울철에도 잡힌다. 그러나 관동의 것보다는 양호하지 않다(然都不如關東者之良). 살피건대 요즈음 멸치는 서민들이 젓갈이나 건어(腊)로 만들어 서민들이 반찬으로 먹는 값싼 물고기이다(今之蔑魚醢之腊之充於庶羞膳品之賤者也).

위의 『자산어보』 기사로부터 서남해 멸치 어업과 관련해 중요한 사실을 몇 가지 알 수 있다. 우선, 19세기 초반 전남 신안 흑산도에서 분기초망이 되고 있었음을 알 수 있다. 분기초망은 1960년대까지 경남 남부에서 전남 서남부 해역까지 광범위하게 사용되던 어업 기술이다. 2016년 필자가 흑산도 사리에서 조사한 바에 따르면, 흑산도에서는 1960년경까지 위와 거의 동일한 어법이 사용되었으며 이후 점차 낭장망으로 대체되었다. 두 번째, 멸치는 국, 젓갈, 포로 만들어지거나 낚시의 미끼로 사용되었다. 세 번째로, 관동에서 잡히는 상품보다는 떨어졌다. 마지막으로 멸치는 젓갈이나 건어로 만들어져 널리 소비되고 있었다.

2) 현대 한국의 멸치 분류체계

멸치 어업은 전라남도 무형문화재 제1호 거문도뱃노래, 전라남도 무형 문화재 제22호 가거도 멸치잡이노래, 제주특별자치도 무형문화재 제10호 멸치후리는 노래, 부산광역시 무형문화재 제7호 다대포후리소리 등 주로 남해를 중심으로 다양한 무형유산을 남겼다. 또, 앞서 검토한 문헌의 내용으로 미루어 볼 때, 지역별 소비 양상이나 어업 방식이 상이하지만, 늦어도 19세기 들어 멸치가 광범위하게 소비되었음을 알 수 있었다. 이처럼 현대 한국인의 멸치 어업과 소비문화가 일본의 영향과 관계없이 존재해 왔다고 추정할 수 있다.

(중형마트(좌, 2017년 필자촬영), 소형마트(우, 2018년 필자촬영))

[그림 1, 2] 서울 용산구 마트 가판대의 멸치 상품

그러나 현대 멸치 어업자나 판매업자를 만나 인터뷰하거나 멸치 도소매장을 방문해 보면, 멸치 문화가 일제강점기의 영향을 받았음을 직접 느낄 수 있다. 위의 왼쪽의 동네 중형 마트 사진은 "다시멸치(국물용)," "고바멸치(안주 · 국물용)," "가이리멸치(조림용)," "지리멸치(볶음용)로", 오른쪽의 소형마트에서는 "다시멸치(국산)"와 "지리멸치(국산)"로 구분해 판매하고 있다. 이처럼 한국에서는 멸치를 크기(혹은 용도)에 따라 다양한 명칭으로 부르며 판매하고 있는데, 대개의 어휘들이 일본어에서 유래되었다. 최근 들어 일본어를 우리식 한자어로 바꾸어 부르려는 노력에도 불구하고, 심지어 "지리멸치"나 "지리멸"처럼 본래 일본어가 순우리말이라고 인식된 채 사용되는 경우도 쉽게 볼 수 있다.

여기서는 서남해에서 경남 통영까지 각지에서 필자가 만난 어업자와 상인의 멸치 관련 지식을 멸치 용어 및 어획 시기에 주의해 가며 검토해 보겠다. 우선, 최서남단에 위치한 전남 신안 흑산도의 사례이다. 2015년에 만난 흑산면 영산도의 구재철(남 1946년생)은 1980~1990년대 낭장망 어업에 종사했는데, 시기별로 어획되는 멸치에 대해 아래 <표 2>와 같이 구술했다.)[11]

<표 2> 20세기 중반 전남 신안 흑산의 멸치 어획 시기와 분류

어획시기	어획어종	용도
음력 3~4월	"뚝멸" 혹은 잡어 이후 까나리, 갑오징어 어획	
음력 6월(장마철)	"젓멸치"(8~10cm)	젓갈 혹은 미끼용
음력 7월	태풍으로 인한 그물 철거	
음력 8월	"지리멸(3~4cm)" 및 "주바", "고바"	볶음용
음력 9~10월	"큰멸", "중간멸치" 이후 "큰멸", "디포리"(15cm)	
음력 11월부터 크리스마스 전후	"지리멸"의 어획 후 어업 종료	

본래, 가장 상품가치가 높았던 것은 주바, 고바 등의 중간멸치와 "지리멸"이었다. 반면, 젓멸치는 젓갈을 담는 멸치라서 붙여진 이름인데, 삶아 말려놓으면 "다시멸"이 된다. 다시멸이 인기가 있었지만, 건조기가 도입되기 전에는 장마가 끝난 뒤인 음력 8월경까지는 너무 습해 멸치를 말릴 수 없었다. 또, 장마 이후에도 너무 큰 멸치는 삶아도 말리기가 어려워서 가격이 낮았다. 그래서 약 15cm 내외의 "디포리"(표준어 밴댕이)의 경우에는 상품가치가 낮아 큰 멸치와 같이 들어오면 골라내기가 어렵기에 전부 버렸다. 혹은 젓을 담거나 낚시 미끼로 팔았다. 그러나 지금은 건조가 가능하고 요리에 사용하기 시작하면서 상품가치가 높아져 이제는 큰 멸치보다 더 상품가치가 높다.

11) 이하 현장에서 수집한 멸치 명칭은 제보자의 발음을 그대로 따라 표기하려고 노력했다.

두 번째로, 2017년 전남 여수시 남면 대횡간도에서 만난 낭장망 어업자인 강○○(남 1948년생)은 멸치를 <표 3>과 같이 세밀하게 분류했다. 강○○은 멸치의 어획 시기에 따라, 카에루, 고바, 주바, 대멸로 구분했다. 이는 멸치의 산란시기와 성장기간에 따라 월별로 상이한 크기의 멸치가 어획되기 때문이다.[12] 여기에 가장 작은 멸치인 "실치"(시랭이)를 언급하며, 실치는 주로 일본 수출용이 되고, 국내에서는 카에루와 다시용만 찾는다고 말했다.

<표 3> 전남 여수시 남면의 멸치 어획 시기와 분류

시기(양력)	어획어종	용도
4월	멸치 없음. "공멸(까나리)", 잡어, 전어 등	우럭 양식장의 사료로 사용
6월	"카에루" 어획한 뒤 20일 뒤 "고바" 어획	
7월	"고바"	
8월	"주바"	백중사리 물고기 없음
9월	"카에루"	추석 전후가 가장 맛있음
10월	"고바", "주바"	
11~12월	"대멸", 전어 새끼 등	

강○○은 멸치의 성장단계뿐 아니라, 어획시기에 따라 명칭을 더 나누었다. 내장이 생기기 직전의 멸치를 "쌀고바," 주로 남해군의 죽방렴에서 잡히는 "주바"를 "혼주바" 혹은 "판데기"라고 부른다. 보통 주바는 어획한 뒤 1~2일이 지나면 누렇게 변하는 것에 반해, 혼주바는 깨끗하다. 또, 끓는 물에 삶으면 물렁물렁해지는 멸치를 "무멸"로, 반대로 딴딴해지는 멸치는 "각멸"로 나누었다. 멸치마다

12) 낭장망은 4월부터(5월 금어기 제외) 크리스마스 전후까지 조업하는데, 1~3월에는 물이 차서 멸치가 안 들어오기 때문이다. 따라서 이 기간 동안 운영자는 장비를 점검하고 휴식을 한다. 멸치의 어획량도 계절별, 시간대별로 상이하다. 보통 여름에는 밤의 조류가 세고 가을에는 낮의 조류가 세기에, 여름에는 멸치가 밤에 많이 잡히고 가을에는 낮에 많이 잡힌다.

삶았을 때 나오는 색이 다르다. 보통 6월 말부터 잡히는 멸치는 기름이 많아 말려도 누렇게 변하기 때문에 말리지 않고 젓갈로 만든다. 반면, 9월(추석쯤) 기름기가 빠진 멸치는 건조에 적합하다. 겨울에 잡는 대멸은 찬바람이 불어 기름이 빠져서 깨끗하지만, 겨울에 잡는 주바는 상대적으로 짜다. 또, 전남 여수 어시장의 "금성상회"의 여주인은 멸치들을 잔지리멸(세멸), 지리멸(세멸), 카에리(자멸), 고주바, 주바(중멸), 오주바, 오바(대멸)로 나누어 분류했다. "고주바", "오주바"는 고바와 주바 사이의 멸치와 오바와 주바 사이의 멸치를 다시금 세분한 것으로 보인다.

<표 4> 경남 남해군 창선의 멸치 어획 시기와 분류

시기(양력)	어획어종	용도
4월	대멸 및 1~2cm 시레기(세멸)	
5~6월	가이후(소멸), 배쟁이(소멸 보다 더 작은 것)	볶음용 멸치
7~10월	고바(5cm)와 주바(10cm 이하)	
11월	대멸이나 뒤포리	

이제 경남으로 넘어와 남해군 창선면에서 만난 죽방렴 경영인 김○○은 <표 4>와 같이 멸치를 구분했다. 김○○은 어획시기, 성장단계, 먹는 방식에 따라 멸치를 구분했다. 우선, "시레기"라고도 부르는 세멸은 일본인이 좋아하는 멸치로 밥에 비벼먹는 것이고, 대멸은 액젓, 다시 등에 사용한다. 가이후(소멸)와 배쟁이, 고바(5cm), 주바(10cm 이하) 등의 소멸과 중멸은 주로 볶음용 멸치이다. 특히, 가을에 어획되는 주바는 "반데기(금멸치)" 라고도 부르는 것으로 가장 가격이 높은 죽방렴 멸치이다.

남해수협에서는 멸치를 5가지로 나누고 있다. 우선, 가장 작지만 가장 비싼 "세멸(지리멸)"로 주로 멸치볶음, 국물용, 이유식용으로 사용된다. 이어 세멸 다음으로 비싼 "자멸(가이리)," 국물용과 볶음용 둘 다 가능하며 어획량에 따른 가격 변동이 큰 "소멸(고바)," 볶음용이나 국물용으로 쓰이지만 손이 많이 가기에 가장 싼 서민멸치인 "중멸(주바)," 그리고 주로 국물용으로 사용되는 "대멸(오바)"로 나누었다. 마찬가지로 한국에서 가장 많은 멸치를 어획하고 있는 경남 통영의 기선권현망수협에서는 "중멸(고 주바)"를 넣어 6가지로 나누고 있다.

<표 5> 멸치 분류표(기선권현망수산업협동조합 2010: 590)

상품명	크기	용도
세멸(볶음멸치)	1cm 정도	볶음용 지리멸치
소멸(가이리멸치)	2~3cm 정도	볶음용
중멸(고바멸치)	4~5cm 정도	볶음 및 고추장용
중멸(고주바멸치)	5~6cm	고추장용
대멸(주바멸치)	7~8cm	최고급 국물용
죽방멸치	4~6cm 정도의 멸치	최고급 국물용

위의 <표 5>는 기선권현망수협에서 사용하는 공식적인 분류를 보여주는데, 한국식 한자어 외에도 일본어를 병기하고 있다. 특기할만한 점은 대멸이 오바가 아니라 주바멸치로 전남이나 경남 서부의 남해와 달리 통영에서의 크기에 따른 멸치 분류가 한 단계씩 작다는 것이다. 즉, 통영 지방의 멸치가 다른 지방과 비교해, 작은 멸치를 중심으로 크기가 세분화되어 있다는 것을 알 수 있다. 예를 들어 통영 서호시장에서는 멸치를 적어도 10개 이상으로 더 세분해서 판매하고 있었다.

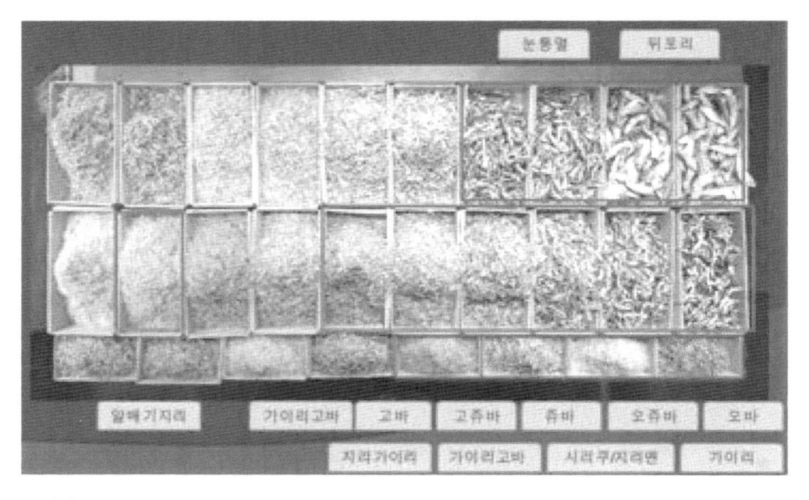

(오창현 2018: 145)

[그림 3] 경남 통영 멸치 상회의 판매대

위의 [그림 3]을 보면, 우선 뒤포리, 즉 밴댕이와 눈퉁멸을 멸치와 함께 판매하고 있는 것을 알 수 있다. 멸치는 지리멘, 가이리, 고바, 주바, 오바의 다섯 가지 기본 분류에 분류 단계별로 또 다시 중간 단계를 설정해, 지리가이리, 가이리고바, 고주바, 오주바를 추가해 약 9～10단계로 구분하고 있다. 또, 알배기지리는 붉은 새우를 먹어서 배가 붉게 된 지리멘을 지칭하는데, 같은 등급 내에서도 멸치의 상태에 따라 새로운 명칭을 매기고 가격 또한 달리 해서 팔고 있다.

지금까지 한국의 멸치 분류를 살펴보았다. 우선 서해와 동해의 멸치 어획 시기가 약간씩 다른 것을 알 수 있다. 일반적으로 봄에는 산란하러 들어온 큰 멸치가 잡히다가 봄에 부화해 성장한 작은 멸치들이 8～9월부터 잡히기 시작하는 것을 알 수 있다. 또, 멸치의 종류는 크기뿐 아니라 어획 시기와 품질에 따라 세분되는 것도 알 수 있다.

이는 한국인이 멸치를 육수용뿐 아니라 볶아서 직접 식용하기 때문이라고 추정된다. 한국인은 멸치 어체의 맛을 직접 느끼며 먹고 있다. 마지막으로 전남 여수, 경남 남해, 통영에서도 모두 일본인은 밥에 비벼먹는 "시랭이," "시레기," "지리멸"을 선호한다는 것을 들을 수 있었다. 일본인과 한국인 간의 멸치 선호의 차이에 대해서는 다음 장에서 다시 다룰 것이다.

3. 일본의 이와시 소비문화

1) 이와시와 이리코

『동아일보』 1931년 4월 25일자 기자에 따르면, 한국의 동해안에서 일본어부들이 "오오바이와시"라고 부르는 "정어리"는 일본에서는 보통 "이와시", "칠쓰보시이와시", "마이와시"라고 부른다. 다만, 관서 지방에서 는 "마이와시"가 가타구치이와시, 즉 속어로 "이리고이와시"라고 부르는 멸치를 가리키는 말이기에 주의할 필요가 있다고 지적하고 있다.

2014년 현재 일본 시코쿠의 가가와현은 일본 이리코 생산량의 약 90%를 점하고 있다.[13] [그림 4]를 보면, 2014년 일본 가가와현 어업조합의 경우에는 "오오바(大羽)", "쥬바(中羽)", "고바(小羽)", "가에리(かえり)", "지리멘(ちりめん)"의 모두 다섯 가지 종류로 구분했다. 이는 앞서 살펴본 한국의 공식적인 분류와 동일하다. 그런데 이중 "오오바", "쥬바", "고바", "가에리"를 "이리코"로 묶는다는 점에 주

13) 이 통계는 "시라스보시(シラス干し)"를 포함하지 않는다. 시라스보시의 시라스(シラス)는 물고기의 치어를 지칭하는데, 이 경우에는 주로 멸치의 치어, 즉 '지리멘'을 삶아 말린 것을 의미한다.

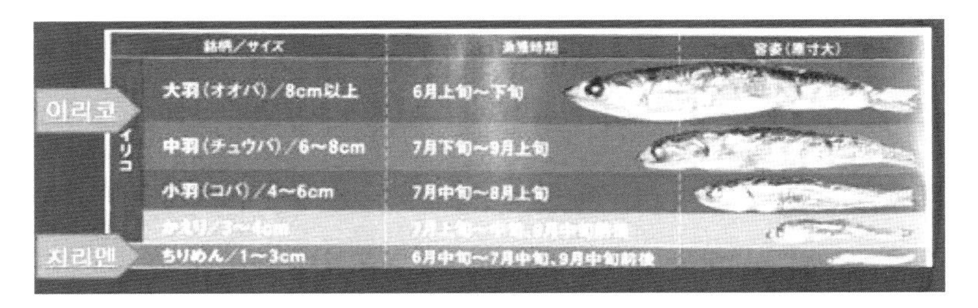

(さぬき海の幸販売促進協議会 2014)

[그림 4] 가가와현의 멸치 분류

목할 필요가 있다. 즉, 지역에 따라 “쟈코”로 부르기도 하는 “지리멘”은 “이리코”의 범주에 들어가지 않는다. 이리코로 분류하는 멸치는 다시마, 가츠오부시, 표고버섯과 함께 육수용 재료에 많이 사용된다. 그러나 내장이 생기기 이전의 치어를 지칭하는 지리멘은 주로 밥 위에 얹어 직접 식용하는 경우가 많고, 따라서 이리코에 비해 훨씬 가격이 높다.

『디지털다이지센(デジタル大辞泉)』에 따르면, “이리코(熬り子)”는 작은 이와시를 소금물로 삶아 말린 것을 지칭하는데 주로 육수를 내는 재료로 사용된다. 이 사전에 따르면, 이리코는 “이리보시(熬り干し)”, “니보시(煮干し)”, “다시쟈코(出し雑魚)”라고도 불리는데, “이리보시”나 “니보시”는 삶아서 말린 것을, “다시쟈코”는 육수를 내는 잡어를 의미한다. 용어에서 추정해 볼 수 있듯이, “이리코”는 반드시 멸치로 만든 것을 의미하는 것이 아니다. 즉, 한자어 그대로 해석하면 삶아 말린 잡어를 의미한다. 일본 내의 구체적인 사례를 검토하기 위해, 1980~1990년대에 걸쳐 발간된 『일본의 식생활전집(日本の食生活全集)』을 분석했다. 다만, 이 자료 역시 멸치와 정어리를 함께 “이와시”로 인식하는 일본인의 분류체계로 인해, “이와시”라고

만 적어 정어리인지 멸치인지, 혹은 눈퉁멸인지 명확히 구분할 수 없는 경우가 많다. 여기서는 멸치임이 분명히 명시되어 있지 않은 경우에는 "이와시"라고 쓴다.

일본에서 "이리코"라는 표현은 효고, 시마네, 히로시마, 야마구치, 아이치, 사가, 오이타의 주로 서일본 지방에서 나타난다. 이에 반해, "니보시" 라는 표현은 아오모리, 이와테, 사이타마, 지바, 야마나시, 미야기, 오사카, 돗토리, 도쿠시마, 가가와 등 동북 지방에서 서일본 일부 지방까지 나타난다. 이들 지역에 대한 구체적인 사례로부터 다음과 같은 함의를 얻을 수 있다.

우선, 명칭과 관련해 살펴보겠다. 규슈의 서북부의 사가현에서는 대한해협 연안에서 이와시 어업을 하는데, "마이와시"는 성장 단계에 따라 이름이 달라진다. 음력 2월경에 잡히는 1촌(寸) 정도의 아직 눈이 없는 치어를 "지리멘", 눈이 붙어 이와시의 어체(魚體)가 보일 만큼 성장한 것을 "가에리"라고 한다. 5~6월경에는 2촌 미만까지 성장한 "고바이와시"를 어획한다. 장마가 끝난 뒤 2촌 전후의 "쥬바이와시"가 어획되는데, 이것이 이리코로 가장 좋기에 한여름부터 가을까지 전 연안에서 이리코 만들기에 정성을 다한다. 겨울부터 봄에 걸쳐 산란을 위해 대한해협에 "오오바이와시"가 몰려드는데 이와시가 가장 맛있는 시기이다. 이에 반해 멸치는 가을부터 겨울에 걸쳐 많이 잡히며 우선적으로 "이리코"로 만들며 좋은 육수용 재료가 된다. 사가현에서는 "히라고"(작은 정어리를 부르는 용어), 멸치 외에도 눈퉁멸, "아지고"(일촌 정도의 작은 전갱이)를 이리코로 만든다.

히로시마현을 비롯한 세토내해(瀬戸内海, 혼슈와 시코쿠 사이의 내해)에 접한 지방, 특히 섬 어민들에게 이와시 어업은 어획량의 절반을 차지하는 가장 중요한 생업이다. 이와시 어업은 멸치를 대상으로 하며, 멸치는 일반적으로 "작은 이와시"라고 불린다. 멸치는 3월경 산란한 뒤 1개월이 지나 1촌 미만의 아직 눈이 없는 것을 "시라스", 눈이 붙어 이와시의 어체가 된것을 '가에리'라고 부른다. 6월경에는 2촌 미만의 "고바"를, 이후 2촌 전 후의 "쥬바"를, 3~4촌 전 후의 "오오바"를 어획한다. 이리코로 가장 좋은 것은 가을경에 잡히는 쥬바이고, 오오바는 이리코로도 만들지만 생으로 먹으면 가장 맛있다(農山漁村文化協會1987: 58-59).

지바현의 동부 연안은 이와시 어업으로 전국적으로 유명했다. 보소반도에서는 정어리를 크기에 따라 20cm 정도의 "오오바이와시," 16~18cm 정도의 쥬바이와시, 8~15cm 정도의 고바이와시로 구분하고, 5~10cm의 멸치는 "세구로이와시(背黑いわし)"라고 불렀다. 이 중에 쥬바이와시를 주로 호시카(干鰯), 즉 비료로 가공했다. 오오바이와시는 깊은 곳에 있어 잡기가 어렵고 고바이와시는 너무 작고 어획하는 날씨가 습해서 쉽게 부패해 버렸기 때문이다. 작은 이와시는 종류에 관계없이 모두 "쟈미"라고 부른다(千葉県立関宿城博物館2017: 4).

위의 사가, 히로시마, 지바현의 세 사례를 통해, 한국에서 멸치를 크기에 따라 이를 때 사용하는 용어인 "오바," "주바," "고바"는 멸치뿐 아니라 정어리에도 동일하게 사용된다는 점, 또, 멸치를 정어리와 명확히 구분하는 것이 아니라 "작은 이와시"로 간주하고 있다는 점을 알 수 있다. 여러 크기 중에서도 한여름에서 가을에 걸쳐 잡히는 6cm 내외의 쥬바가 이리코로 가공되며, 일본인이 직접 식용하는 지리멘은 이른 봄에 어획되고, 늦가을에 잡히는 오오바는 회로 먹거나 조리해 먹는다.

사가현의 사례에서 볼 수 있듯이 육수용 재료로 사용되는 "이리코"가 반드시 멸치를 지칭한다고 볼 수도 없다. "이와시"는 마른 생선을 육수용으로 사용하는 일본의 전국적인 식문화의 일부로 이해할 필요가 있다. 예를 들어, 한국의 동해 연안의 이시카와현은 가다랑어의 어획량이 매우 적은데, 이곳에는 "이와시가츠오"라는 것이 있다. 이와시는 초봄에 많이 잡히며, 지방을 함유하고 먹는 방법도 다양하다. 그러나 이와시 어업이 끝날 무렵에는 지방이 적은 "돗코 이와시(눈퉁멸)"가 잡힌다. 머리와 내장을 제거하고 가마에 삶아 뼈를 제거하고 대나무 틀에 놓고 햇볕에 건조한다. 이를 "이와시가츠오"라고 부르며 가츠오부시 대신 된장국이나 조림의 육수용 재료로 사용한다(農山漁村文化協會 2005(1988): 302). "이와시"는 가츠오부시의 대용품으로 사용되었던 것이다.

(2018년 필자촬영)

[그림 5, 6] 아오모리현 와키노사와무라의 야키보시(焼き干し)(좌),
도야마현 히미시(氷見市) 한 가게의 각종 육수용 생선(우)

또, 시코쿠 동부 연안의 도쿠시마현에서 "이리코"는 전갱이가 많이 잡힐 때 이를 구워 햇볕에 말린 것을 지칭하며, 마찬가지로 주로 된장국이나 조림의 육수용 재료 및 찬 소면을 넣어 먹는 소스의 육수용 재료로 사용한다(農山漁村文化協會 1990: 201). 또, 규슈 서북부에 위치한 오이타현은 멸치의 회유로인 대한해협에 가까워 "이와시"

어업이 매우 활발한데, 작은 이와시뿐 아니라 "다이쵸우(だいちょう)"라는 2.5cm 내외의 작은 물고기로 이리코를 만든다. 특히, 츠루미(鶴見)반도 연안의 "사이키(佐伯)이리코"는 몸이 부드러워 고가품으로 인기가 있다(農山漁村文化協會1992: 88).

일본 각지에서는 멸치뿐 아니라 말리기 용이한 다양한 생선이 육수용 재료로 가공되고 있다. 필자가 확인한 바로는 도미, 전갱이, 정어리, 멸치, 눈퉁멸, 고등어, 날치 등이 있다. 이는 한국에서 전적으로 멸치만을 육수용 재료로 사용하고 있는 것과 큰 차이가 있다. 또, 가공 방식 역시 그냥 말리거나, 삶아 말리거나, 구워 말리는 등 지역별로 다양하다. 햇볕에 말리기 용이하지 않은 날씨인 혼슈 최북단의 아오모리현에서는 정어리와 멸치 등 각종 생선을 구워서 말려 육수용 재료로 사용한다. 그래서 멸치가 아니라 다양한 잡어들 즉 "쟈코"를 사용해 "이리코를 만드는 것"이 중요하다고 할 수 있다.

위의 사례에서 도쿠시마현이나 오이타현처럼 멸치 어장을 끼고 있어 멸치를 대량 어획할 수 있는 곳에서도 멸치 외의 어종을 이리코로 사용하고 있다는 점에 주목할 필요가 있다. 또, 멸치도 반드시 이리코로 만들 필요는 없는데, 필자의 2018년 9월 현지조사에 따르면, 도쿠시마의 츠바키 도마리(椿泊)에서는 "바치망(혹은 밧치망)"이라고 부르는 선예망을 사용해 멸치 어업을 하고 있다. 그러나 '이리코'는 만들지 않기에 쥬바 크기의 멸치는 어획하지 않으며, 지리멘만 어획해 상대적으로 가격이 높은 "시라스보시"로 가공해 오사카 등의 대도시에 판매하고 있다.

이리코와 지리멘은 둘 다 멸치의 가공품이지만, 육수용 재료로 사용하는가 직접 식용하는가에 따라 나뉘는 범주이다. 혼슈의 서쪽 끝에 위치한 야마구치현에서는 크기가 작아 손이 많이 가는 정어리나

작은 멸치는 소금물에 삶아 말려 이리코로 만든다. 조림이나 국물 등의 육수용 재료에 대개 이리코를 사용하기에, 작은 이와시가 손에 들어올 때 이리코로 해 둔다. 특히, 일본의 속절 중 하나인 10월 토용(土用) 무렵에 잡힌 이와시로 만든 것을 '가을이리코'라고 부르는데, 육수도 잘 나고 맛있는 요리를 만들 수 있다. 이에 반해 초여름에 잡힌 이와시의 치어는 "지리멘쟈코"로 만들어 야채에 올리거나 밥과 버무려 먹는다(農山漁村文化協會1989: 41-42).

2) 타즈쿠리와 호시카

흔히 한국의 멸치볶음과 유사한 요리를 일본에서는 "고마메(ごまめ)" 혹은 "타즈쿠리(田作り)"라고 부른다. 『디지털다이지센』에 따르면, 멸치의 치어를 말린 것에 설탕, 간장, 미림(조미료)을 넣고 조린 것으로 '정월요리'에 사용하는 것이다. 타즈쿠리는 고마메와 같은 요리 형태를 지칭하는 말이기도 하지만, 한자말의 뜻대로 읽어 논을 경작하는 일이나 사람을 의미하기도 한다. 정월 잔치의 술안주로 먹는 고마메를 타즈쿠리라고 부르는 것은 과거 이와시를 말려 논의 비료로 사용했던 것에서 비롯되었다.

『일본의 식생활전집』을 보면, "고마메"는 오사카, 돗토리, 후쿠오카에서 나타나며, "타즈쿠리"는 교토부 등지에서 나타난다.[14] 지바에서도 두 어휘가 나타나지만, 여타 지방에서 "고마메"나 "타즈쿠리"가 설탕, 간장 등을 넣고 이와시와 함께 볶은 것을 지칭하는 것과 달리, 지바에서는 생이와시를 말린 것을 "고마메" 혹은 "타즈쿠

14) 타즈쿠리 외에도 이와시 중 다소 크기가 큰 정어리는 '나이를 먹는 생선'으로 설 전후에 먹는 의례품이기도 하다. 한국의 떡국과 유사하게 나이를 먹기 위해 정월에 먹는 음식을 의미하는 "도시코오시이와시(年超しイワシ)," "도시토리사카나(年取り魚)"는 미에, 효고, 나가노 지방에서 나타난다.

리"라고 한다. 또, 어획물 중에서 "쟈미(작은 것)"는 바로 흩어 널어 말리며, 10월경 어획한 쟈미로 만든 것이 가장 질이 좋다고 한다. 이를 일상의 반찬, 오차우케(お茶うけ)에 사용할 뿐 아니라, 일상적인 요리로도 먹는다(農山漁村文化協會 2006[1989]: 39).

오사카에서 전형적인 타즈쿠리가 보고되었다. 오사카에서는 정월 아침에 지난 가을 초입에 어획한 양질의 이와시로 만든 "고마메"를 먹는다. 머리가 붙은 깨끗한 마른 이와시를 볶으면 마른 이와시의 비린 맛이 없어진다. 냄비에 술, 간장, 설탕을 넣어 녹인 뒤, 볶아둔 마른 이와시와 콩을 넣어 만든다(農山漁村文化協會1991: 293; 319–320). 또, 교토에서도 "타즈쿠리"는 오사카의 "고마메"와 마찬가지로 검은 콩과 함께 정월을 비롯한 잔치에는 없어서는 안 되는 요리 중 하나이다. 이와시 중에서 작은 것을 선택해, 물로 씻어 볏짚에 다섯 마리씩 끼워 배 창고의 처마 밑에 통풍이 좋은 곳에 걸어 말려 딴딴하게 건조시킨다. 이렇게 건조한 이와시를 가볍게 구운 뒤, 냄비에 간장과 설탕 약간을 넣어 끓이는 중에 구운 이와시를 넣어 맛을 스며들게 해 만든다. 굽지 않고 설탕을 녹인 간장 속에 넣어 스며들게 하는 법도 있지만, 이렇게 하면 딱딱하기에 노인들은 좋아하지 않는다고 적고 있다(農山漁村文化協會2007[1985]: 307–308).

"타즈쿠리"는 앞서 검토한 사전상의 의미처럼 비료로서 작물을 키운다는 의미를 가지고 있다. 이로 인해 새로운 해를 시작하는 정월에 먹는 음식이 되었을 것이라고 추정된다. 예를 들어, 사가현에서는 고바(小羽)를 "타즈쿠리(田作り)"라고도 부르는데, 농가에서 의뢰를 받아 받아 어획한 뒤 쌀과 물물 교환하기 때문이다. 타즈쿠리는 농가에서 모내기의 비료로 사용된다(農山漁村文化協會 1991: 178).

일반적으로 에도시대 들어 상품 작물 재배가 성행하면서, 이와시를 필두로 대량 어획되는 물고기를 건조해 논밭의 비료로 사용하는 농법이 확대되어 나갔다(古田悦造 1996: 1장).

(2016년 정연학 촬영)

[그림 7] 지바현 사쿠라시의 정월 대문 벽사용 이와시

그런데 호시카가 소건(素乾)한 비료를 지칭하는 것에 반해, 타즈쿠리는 본래 소건한 식용 멸치를 지칭하는 것이 아니었던 것으로 추정된다. 그 근거를 들자면, 일본의 어획물 저장 및 제조방법을 기술한 야노(矢野實 1911: 364)는 제11절 이와시(鰮)에서 다양한 가공방식을 소개하고 있는데, 이중 제4항 <소건이와시(素乾鰮)>에서 이것을 "田作"이라고 칭한다고 말하며, 주로 멸치를 사용하고 간혹 정어리 중 작은 것을 사용한다고 적고 있다. 또, 『조선어업사정(朝鮮漁業事情)』(1893:79)에서는 "가을 이와시(鰮)는 지방이 적어 일단 가공하면 소위 타즈쿠리(田作)가 안 되지 않을 것"이고, 타즈쿠리의 원료는 작은 물고기가 좋은데, "다소 클 경우에는 한층 손이 많이 가서 니보시이와시(煮干鰮)"로 만들어야 하기 때문이라고 적고 있다. 이어 이 책은 타즈쿠리가 "청국에서 소양어(韶陽魚)라고 칭하며 식료에 공급하는 것"으로, 향후 청국으로 수출하면 "비료로 공급하는 호시카보다 훨씬 더 큰 이익이 날 것"이라고 언급하고 있다.

호시카는 “이리코”나 “타즈쿠리”와 마찬가지로 이와시를 건조해 만들지만, 식용이 아니라 논밭에 비료로 사용하기 위한 제품이다. 『디지털다이지센』에 따르면, 호시카를 지방을 뺀 이와시를 건조해 만든 비료로 정의하고 있다. 그러나 호시카가 반드시 지방을 빼낸 뒤 건조한 것만을 의미하는 것도, 또 이와시만을 사용해 가공한 것을 의미하는 것도 아니었다. 예를 들어, 오사카에서도 이와시를 “니보시”, 즉 이리코로 가공하는데, 여름이 고온다습하고 비가 내려 썩어버리기 쉽기에 여름에 잡힌 이와시는 이리코가 아니라 호시카로 가공하게 된다. 호시카의 가공법은 크게 두 종류인데, 하나는 이와시를 비롯한 작은 게, 새우의 껍질, 잡어를 직접 모래에 건조해 만드는 것이다. 두 번째는 이와시 등의 기타 어류를 일단 삶은 뒤 압축기에 넣어 수분과 지방을 뺀 뒤 천일 건조하는 것이다(農山漁村文化協會1989: 41-42).

이처럼 멸치를 비료로 사용하는 농법은 앞서 『오주연문장전산고』가 언급한 비가 내려 건조하지 못한 멸치를 비료로 사용하는 관행과 상당히 유사하다. 다만, 일본에서는 비가 와서 썩을 경우에만 비료로 사용하는 조선과 달리 처음부터 비료의 생산과 유통을 위해 생선을 말리고 있다는 점에서 중대한 차이가 있다. 에도시대부터 일본에서 멸치는 청어, 정어리 등과 함께 전국적으로 유통될 수 있는 상품 형태로, 즉 호시카로 가공되어 광범위한 지역으로 유통되었던 것이다.

이러한 어촌에서의 호시카 가공은 에도 시대 일본의 농법 변화와 관련 된다. 20세기 중반까지 일본에서 이와시는 농업에 사용되는 필수품으로서 식용보다 오히려 비료로서의 용도가 더 중요했다. 1891

년의 조사에 따르면, 일본에서 이와시 가공은 식용 가공이 121만 엔인데 반해, (생이와시를 햇볕에 건조한) 호시카가 70만 엔, (삶아서 압착한 뒤 햇볕에 건조한) 시보리카스[15]가 79만 엔, 기타 이와시 기름이 4만 엔으로 식용보다는 비료로서 더 많이 소용되었다(片岡千賀之2016: 213-215).[16] 이러한 청어와 이와시로 만든 비료의 전국평균가격은 19세기 후반 들어 계속 상승하는 경향이 있었다(古田悅造 1996: 315). 이러한 일본 내 시장 상황에서 1868년 조선의 개항은 조일 간 무역의 확대와 함께 조선의 멸치가 일본으로 수출되는 중요한 계기가 되었다.

4. 한일 멸치 어업 기술과 소비 문화의 전파와 수용

1) 식민지기 멸치 어업과 소비 변동: 한일 시장 통합과 멸치의 일본 수출

<표 6> 조선 멸치의 일본 수출량(『通商彙纂』 45호(1896))

연차(年)	수량(斤)	가격(円)
1882	628,275	10,511
1883	165,974	2,647
1884	562,351	4,176
1887	1,455,328	8,793
1888	145,174	1,538
1889	4,734,600	36,268

15) 일반적으로 멸치나 정어리를 소건한 것을 호시카(干鰮, 干鰯혹은 乾鰮, 乾鰯)로, 뜨거운 물에 삶아서 압착해 기름을 짠 뒤 남은 찌꺼기를 시메카스(搾滓) 혹은 시보리카스(搾粕, 搾糟)로 표기한다.

16) 이와시 어업의 주산지는 지바현, 이시카와현, 야마구치현, 나가사키현, 가나가와현, 시마네현, 이바라키현, 에이메현, 아이치현, 홋카이도였다. 당시까지 동북부의 삼륙(三陸) 지방은 아직 이와시 어업이 발달되지 않았었다. 반면, 비료를 의미하는 호시카의 주요 생산지는 지바현, 나가사키현, 야마구치현이었고, 시보리카스는 홋카이도, 지바현, 아이치현, 아오모리현에 많다.

1890	319,826	3,532
1891	5,669,717	51,471
1892	657,448	6,966
1893	3,058,996	35,925
1894	5,651,289	69,560

위의 『통상휘찬(通商彙纂)』 45호(1896)에서 발췌한 1880~1890년대 통계(<표 6>)는 일본 어민이 본격적으로 멸치 어업에 나서기 이전에 작성된 것이다.[17] 위의 통계는 기존 재래식 어법을 사용하는 조선 어민이 일본과의 시장통합에 어떻게 대응해 변화해 갔는지를 단적으로 보여준다.[18] 위의 통계를 통해 비록 매년 유동적이기는 하지만, 멸치의 수출이 1876년 부산과 1880년 원산 개항 이후 매우 빠르게 증가한 것을 알 수 있다. 이러한 통계는 멸치가 조선 어민에게 완전히 새로운 어업이었다기보다는 개항이 기존의 재래 멸치 어업을 자극해 생산량을 늘리게 만들었음을 보여준다.[19] 1908년 『한국수산지 I-1』(2010: 217)은 이 점을 잘 보여주고 있다.

> 대개 조선에서는 이것을 날생선인 채로, 혹은 햇볕에 말려서 오로지 일상요리의 용도로만 사용했고 아직 이것을 비료로 이용하는 방법을 알지 못한다. 그런데 최근 일본인이 비료용 호시카(干鰮)로 활발하게 매입하는 일이 속출해 조선인 또한 그 이익

17) 조선해에서 일본인의 멸치 어업은 1890년대 중반 이후에 본격적으로 이루어진다.

18) 1909년 통계에 따르면, 건어(비료)의 수출은 267,234엔으로 현미·정미·인삼·쇠가죽 다음으로 수출액이 많았다. 원산 15만 1,329엔, 부산 8만 1,211엔, 목포 3만 2,679엔이었고, 거의 전량 일본으로 수출되었다.

19) 이와 관련, 지석영(池錫永)은 『중맥설(重麥說)』(1888년)에서 "마른 멸치(乾鰯)는 보리농사의 제일의 비료이다. 파종할 때 마른 멸치를 넣으면 보리 소출이 배가 된다. …… 이와 같이 이익이 되는데 民이 능히 사용할 수 없고 다만 외국에 파는 것만 안다. …… 우리나라 동해와 남해에는 이 물고기가 많이 난다. 원산과 부산에서 수출하는 것이 1년이면 몇 천석이 되는지 알지 못한다. …… 매우 한탄스럽다."고 기록했다(염정섭 2014: 59 재인용).

에 착안해 이 어업에 크게 힘을 기울이기에 이르렀다. (필자 일부 번역문 수정)

앞서 2장에서 검토했듯이 본래 조선에서 멸치는 전국적으로 소용되는 물고기 중 하나였다. 그래서 “연안 부근 지역에서는 날 것으로 먹는(鮮食) 경우도 있지만, 대부분은 20~30마리씩 볏짚으로 엮어 볕에 말리거나 혹은 젓갈(醒辛)로 만들고, 판로는 자못 넓어 어떠한 한촌벽지에서도 멸치를 볼 수 없는 곳은 없다.” 그러나 “그 가격에서는 도저히 호시카(干鰮)에 비교할 수 없어” “조선인이 어획한 것은 대개 호시카로 만들어 비료용으로 일본인에게 매도하고” “조선 내에서는 겨우 일부분만이 식용으로 쓰고” 있었다(Ibid: 221).

『조선의 물산(朝鮮の物産)』(1927)의 수산물 수이출 통계(<표 7>)를 통해, 1910년부터 1920년대 중반까지의 이출 상황을 알 수 있다. “乾魚”는 호시카를 “魚糟”는 물고기를 삶아 압착한 뒤 건조한 시보리카스(搾粕)를 의미한다.[20]

20) 『한해통어지침(韓海通漁指針)』(1903: 248)에 따르면, 당시 일본에서는 “대개는 시보리카스(搾粕), 호시카 등의 비료로 제조”했는데, 비료의 생산 과정에서 발생하는 “기름(脂油)도 수요가 많아 구미 제국으로” 수출하고 있었다. 그밖에 “田作, 鹽藏, 鹽乾, 油漬, 통조림 등으로” 제조했다. 그런데 조선에서 비료를 생산한 뒤의 부산물인 어유는 일본에 수출하지 않았던 듯 보인다. 『무역통계표로 본 조선산업의 상황(貿易統計表ヨリ觀タル朝鮮産業ノ狀況)』(1918)에 따르면, 1911년과 1917년 사이의 통계를 보면 어유는 없고 어분(魚紛)만 일본으로 이 출되었다. 경유(鯨油)는 주요 수출품이었지만, 어유 수출은 한참 뒤인 1934년부터 『조선총독부통계연보(朝鮮總督府統計年報)』에 등장하는데, 1935년 118만 3,583엔, 1936년 545만 4,640엔, 1937년 100만 28,976엔, 1939년 1,234만 3,192엔까지 치솟는다. 이는 태평양전쟁기 유류 부족에 따른 대용품으로서 어유 공급과 관련되어 있다.

<표 7> 수산물 수이출 통계

乾魚(비료)			魚糟(비료)		
연차	수량(백근)	가격(엔)	연차	수량	가격
1910	96,885	281,167	-	-	-
1914	167,016	305,298	1914	56,538	292,430
1917	72,458	317,325	1917	70,056	425,203
1920	47,835	565,911	1920	40,195	388,071
1923	34,280	248,717	1923	47,200	383,093
1925	25,755	225,389	1925	178,971	1,703,584

위의 통계를 보면, 1920년대 들어 호시카의 이출량이 점차 줄어드는 대신 시보리카스의 이출량이 급격히 증가하는 것을 볼 수 있다. 건어(乾魚)가 어조(魚糟)로 급격히 대체되어 간 1923년 이후의 상황을 이해하기 위해서는 1923년 이후 한반도에서 급격히 확대된 정어리 어업을 고려할 필요가 있다.

정어리 어업은 정어리가 1923년 가을 갑자기 동해에 나타나 급격히 발전했다가, 1940년을 전후로 급속히 쇠퇴했다(吉田敬市 1954: 333). 정어리를 삶아 기름을 짜낸 뒤 건조한 찌꺼기를 의미하는 시메카스(搾滓)의 동의어인 시보리카스(搾粕)는 1921년 제조고가 약 37만 원, 기름이 약 9만 원에 지나지 않았지만, 1940년에는 시보리카스 약 3,740만 원, 기름 약 4,060만 원, 그리고 단순 건조시킨 어분(魚粉, 핏쉬밀)도 약 1,600만 원까지 급격히 증가했다(Ibid: 382).[21] 이러한 정어리 가공품은 일본으로 수출되어 경화유 원료나 농업용 비료로, 태평양전쟁기에는 가솔린 대용품으로까지 사용되기도 했다.

정어리 어업은 식민지기 후반 가장 중요한 어업이었음은 분명하

21) 1930년대 이후 조선 정어리 어업에 대해서는 김정란(2017), 김태인(2015), 김수희(2015: 6장)의 연구를 참조할 수 있다.

지만, 기존 연구들의 문제는 멸치와 정어리를 동일선상에 놓고 분석했다는 점이다. 위의 통계에서 볼 수 있듯이, 대략 1920년대 중반 이후로 개항 이후 비료로 사용되던 멸치가 정어리에게 점차 자신의 자리를 내주기 시작했다. 어체(魚體)도 크고 기름이 많은 정어리는 멸치보다 비료에 적합한 생선이었다. 식민지기 멸치 어업의 변화를 이해하기 위해서는 멸치 어업의 지역적 차이를 인식할 필요가 있다. 조선시대 멸치 어업은 동해와 남해에서 각기 상이한 기술이 발전되었다. 그리고 이는 멸치의 회유 방식 및 자연지리적 조건의 지역적 차이와 관련되어 있다.

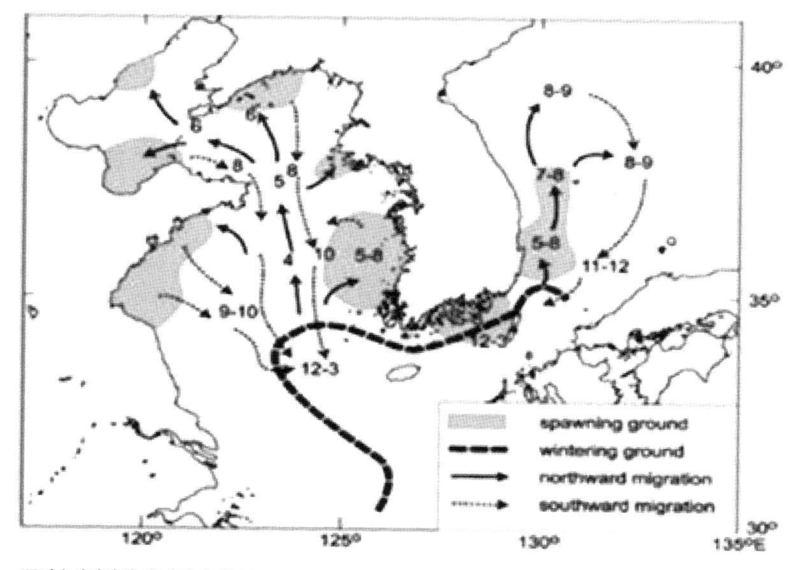

(국립수산과학원 홈페이지 참조)

[그림 8] 멸치 회유로

남해안에서는 4월경이면 산란을 위해 연안 근처로 접근하는 대멸을 대상으로 어장이 형성된다. 남해안에서 산란을 마친 멸치는 동·서해로 북상하는데, 동해에서는 이를 5월 이후 어획할 수 있다. 강원도에서는 북상하는 멸치뿐 아니라 북상했다가 남하하는 멸치도 가을에 어획할 수 있다(이병기·박승원·김진건 1983: 143). 이에 반해 산란장이 형성되는 남해안에서는 이른 봄에 산란하러 들어오는 대멸을 어획한 뒤, 연안에서 부화해 성장한 치어들을 늦봄에서 여름에 걸쳐 어획한다. 필자의 현장 연구에 따르면, 경남 통영·거제 지방에서는 봄에 산란하는 대멸을 유자망으로 어획하고, 여름·가을철에는 권현망으로 치어를 어획하는 방식이 근래까지지 계속되었다.[22]

이러한 멸치의 계절별 회유를 이용한 어업은 과거에도 마찬가지였다. 자료에 따라 다소 차이는 있지만, 『조선통어사정(朝鮮通漁事情)』(1893: 77)과 『한해통어지침(韓海通漁指針)』(1903: 433)의 경우 강원·경북에서 음력 4월 초순부터 5월 중순경까지, 8월 중순부터 10월 중순경이라고 적고 있다.[23] 『조선근해어업시찰개황(朝鮮近海漁業視察概況)』(1894: 89-93)은 당시 강원도 멸치 어업 상황을 잘 기술하고 있다. 이에 따르면, 일본인이나 일본인 수산조합이 멸치 어업을 시도한바 있으나 실패했고, 모두 이 지역의 한인이 지예망으로 잡아 풀밭에 산포해 건조한 것을 원산이나 부산으로 보내 일본 상인에게 매각하고 있었다. 이 보고서는 봄 멸치는 소건(素乾)뿐 아

22) 치어의 어획 시기는 경남과 전남이 다소 차이가 있는 듯 보인다. 이규형(2012: 66)과 서영준·김동수(1999: 384)에 따르면, 전남 여수 근방에서는 6~8월에 치어를 어획할 수 있다. 반면, 경남 통영의 멸치권현망수협발전사(1990: 210)에 따르면, 3~6월까지는 봄 산란군인 8~13cm의 대형어가, 7~12월에는 봄 여름철에 산란 부화해 성장한 2~10cm의 중소형어가 주군을 이룬다.

23) 서해안이나 동해안에서도 북상한 멸치가 가을철 산란한 치어를 겨울철 어획할 수 있다. 그러나 겨울철 동해안에서는 명태, 청어 어업이 활발했고, 서해안에서는 육지에서 가까운 바다가 얼거나 강 상류에서 얼음이 떠내려와 어업이 불가능했다.

니라 착박(搾粕)할 것을, 가을 멸치는 (식용인) 타즈쿠리로 만들어 중국에 수출할 것을 제안하고 있다.[24]

적어도 1900년대까지 강원도가 최대 호시카 생산지였고, 멸치는 강원도 어민의 유일한 어획물로서 명태와 석수어 어업과 함께 한인의 3대 어업 대상이었다. 개항 이후 강원도의 멸치 어업이 더욱 활성화되어 "지예망에 적당한 모래사장이면 모두 조선 어민들이 지예망 장비를 설치해 놓아 일본인이 새로 들어갈 여지는 없었다(『朝鮮海通漁組合聯合會報』 1903: 207-208)." 또, 강원도의 멸치 어업은 조선인의 손에 장악되어 있었기에, 일본 어민이 들어갈 수 있었던 것은 잠수기어업 외에는 없었는데 이마저도 멸치 어기와 겹칠 경우 조선어민과 어장을 놓고 충돌할 수밖에 없었다(神曲丹路 2014: 60-61).

이에 반해, 경남 남안의 멸치 어업은 어획 대상이나 시기뿐 아니라 어획 방식도 달랐다. 먼저, 거제 및 통영 지방은 바위가 많아 모래해변이 발달한 동해안과 달리 지예망을 사용하기 어려웠다. 따라서 남해안에서는 일부 지역에서 지예망을 사용했지만, 야간에 횃불로 멸치를 유인해 그물로 떠내는 분기초망(焚寄抄網)이나 분기부망(焚寄敷網) 어업이 발달했다.[25]

---

24) "원래 한국에서의 온어(鰛漁)는 춘추기(春秋期)에 이루어지는데, 춘어는 5~6월경이다. 이 때는 한국에 비가 많은 계절이기에 가끔 어업을 하게 되고, 멸치 건조가 불가능해 부패하는 일이 종종 있다고 한다. 대개 한인은 착박으로 제조하는 것을 알지 못하고, …… 호시카 제조보다 부패를 방지하는 데 용이하다." 또, "가을 멸치는 지방이 적어 이것을 전작(田作, 타즈쿠리)으로 제조해 청국에 수출해 보는 것 역시 이익이 있을 것"이라고 적고 있다. 『조선통어사정』(1893)도 비가 오는 것을 틈 타 일본인이 착박제조기계를 가져와 "저가로 생온(生鰛)을 매입해 착박으로 제조할 것"을 제안하고 있다.

25) 이에 대해서는 요시다(吉田敬市 1954: 128-132)를 참조할 수 있다. 남해안 조선인의 멸치 어업은 매우 중요한 연구 주제이다. 그러나 이 주제에 대해서는 후속 연구에서 다루기로 하고, 필자의 조사 자료에 따를 때 남해안에 독자적인 조선인의 멸치 어업이 1960년대까지 지속되었다는 점만을 지적해 두고자 한다.

<표 8> 1900년대 조선 내 멸치 어업 상황 (『한국수산지 I-1』 2010[1908]: 219)

어구별		함경도	강원도	경상도	전라도	충청도	합계
지예망 地曳網	조선인	55	182	32	120	4	393
	일본인	2	5	88	-	-	95
부망 敷網	조선인	15	70	50	60	30	225
	일본인	-	-	13	9	-	22
선망 旋網	조선인	-	-	-	25	-	25
	일본인	-	-	-	-	-	-
석전 石箭	조선인	-	-	97	58	-	155
	일본인	-	-	-	-	-	-
양조망 揚操網	조선인	-	-	-	-	-	-
	일본인	1	2	2	2	-	7
선예망 船曳網	조선인	-	-	-	-	-	-
	일본인	-	-	8	-	-	8

이와 관련해서는 2장에서 검토했던 『자산어보』의 기사를 통해 이 어법의 역사적 유래가 상당히 오래되었음을 알 수 있다. 일본 어민들은 "추계 8월 중순에서 12월 중순경에 걸쳐" 초여름에 부화해 성장한 "1～2촌 내외의 유어군이 많이 회유"하는 경상도 진해만 내 및 거제도 주위 사량도, 욕지도 근해에서 멸치를 어획했다(『韓海通漁指針』1903: 247). 일본인의 조선해 멸치 어업은 1882년(혹은 1879년) 경 히로시마현 어민들이 일종의 선망인 시바리망(縛網) 어업으로 도미를 잡다가 멸치가 많은 것을 목격하고 어구를 개량해 어획하기 시작한 것이 효시이다. 이후 멸치 어업자 수가 급격히 증가해 불과 10년 뒤인 1900년에는 743척에 4,350명이 멸치 어업에 참여하게 된다(Ibid: 310).

위의 표를 통해 1900년대 상황을 살펴보면, "경상도 연해에서는 일본인의 어업이 가장 성대하지만, 다른 방면은 거의 조선인이 독점하고 있다.” 즉, 동해를 비롯한 전남 남안이나 서남해의 섬에서는 조선인의 멸치 어업이 활발했다.[26] 일본인의 멸치 어업은 주로 경남 남안에 국한되어 있었다.[27] 또, 일본인이 어획한 멸치는 조선인이 어획한 멸치와는 가공방식이나 용도가 상이했다. 조선 어민이 어획한 멸치를 전량 비료용 호시카로 제조하는 것에 반해, 일본 어민은 어획한 멸치를 “주로 식용으로 자건(煮乾)・소건(素乾)・염지(鹽漬) 및 젓갈로 가공하고, 특별한 풍어일 때나 장소에 따라 간간이 비료용 호시카(干鰮)로 만드는 경우”가 있었다(『한국수산지』 2010[1908]: 221). 『한해통어지침』(1903: 247)에 따를 때에도, 남안 지역에서 일본 어민들은 “음력 8월 중순부터 12월 중순에 걸쳐, 즉 비가 안 오고 건조한 가을과 겨울에 어획한 뒤 자건해 “이리코”라고 칭하고 일본에 수출한다.”[28]

약 10년 뒤인 1915년 멸치 어업의 전국 상황을 보여주는 『수산편람(水産便覽)』(1917)을 검토해 보겠다. 이미 당시에 멸치의 최대 어획지는 경남이었고 최대 가공품은 자건(煮乾)이었다. 자건은 아마도 국물을 내는 데 사용하던 “이리코”였을 것이다. 경남은 비료 역시 가장 생산량이 많았는데, 대부분 시메카스와 호시카가 생산되었다. 반면, 함경도와 강원도에서는 기름을 짜지 않은 호시카가 생산되고 있었다. 두 번째로 생산량이 많았던 전남에서는 비료용 시메카스와 자건도 적지 않았지만, 염신, 즉 젓갈이 가장 많이 제조되고 있었다.

---

26) 제주도와 전남 중간에 위치한 추자도와 거문도는 한국 김치에서 맛을 내는 가장 중요한 요소 중 하나인 멸치젓갈의 산지였다. 대표적인 산지로는 추자도, 거문도, 어청도 등이 있었다.

27) 경남 남해안에서 일본인이 사용한 초기 ‘권현망’은 현재 경남에서 사용하는 권현망과는 달리 오히려 동해안의 조선인이 사용하던 지예망과 유사한 어법이다. 바위가 많은 해안이나 멸치를 끌어와야 하는 만에서 조업할 수 있는 형태로 지예망을 개량한 것으로 볼 수 있는 데, 어법과 관련한 자세한 설명은 『멸치權現網水協發展史』(1990: 6장)을 참조할 수 있다.

28) 이리코 제조를 위한 가공장을 건설하기 위해, 경상남도 남안 곳곳에 멸치 어업과 가공을 위한 일본인 이주 어촌이 형성되었다. 이와 관련해서는 김수희(2010)의 연구를 참조할 수 있다.

(2017년 필자촬영)

[그림 9] 전남 여수 대횡간도 멸치 가마

(2016년 필자촬영)

[그림 10] 경남 남해 창선도 멸치 가마

(2016년 필자촬영)

[그림 11] 전남 신안 흑산도 멸치 가마

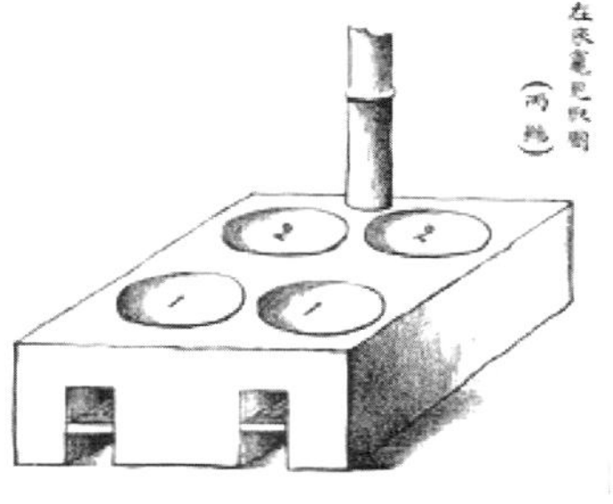

(『大分県水産試験場事業報告』 1907)

[그림 12] 1900년대 오이타현의 재래식 멸치 가마

지금까지의 자료를 통해 개항이 가져온 시장통합의 충격에 각 지역의 어민들이 어떻게 대응하고 있었는지 일부 살필 수 있었다. 동해 어민들은 전통 어법과 가공법을 토대로 일본 농민용 비료를 수출하고 있었다. 반면, 주로 경남 남안에 진출한 일본 어민들은 마찬가지로 전통 어법과 가공법을 토대로 일본 육수용 재료를 가공해 수출

하고 있었다. "강원, 경상 양도에서의 조선인의 어획에 관계한 것은 주로 호시카(乾鰯)"였고, "남해구 방면에서의 것은 주로 내지인과 조선인 모두 자건멸치(煮乾鰮)가 가장 많고, 시메카스(〆粕)가 다음이고, 호시카는 약간에 지나지 않는다(『朝鮮水産一斑』1915: 28)." 조선 후기에 전국적으로 광범위하게 유통되었던 동해산 멸치는 개항 이후로는 더 이상 국내에 유통되는 식용품이 아니라, 일본 내 비료 가격의 상승에 맞춰 일본에 수출되어 비료로 사용되었다.

2) 광복 이후 한국의 멸치 소비 문화 변동

멸치의 최대 어획지였던 강원도는 이미 1910년대 중반이면 경남에 자리를 내주었고, 1920년대 정어리가 대량 회유한 이후로 이러한 경향은 더 강하게 굳어졌다. 그리고 많은 동해 어민들은 일제의 정책과 개개인의 생업상의 선택에 따라 멸치가 아니라 정어리 어업에 뛰어들게 되었다. 멸치 어업의 중심지는 동해안에서 남해안으로 점차 굳어져 갔던 것으로 보인다. 예를 들어, 『동아일보』 1939년 6월 21일자 기사에서 정문기(1939)는 멸치의 지역별 산액을 소개하고 있는데, 전체 3,365만kg 중 경남이 2,357만kg으로 70%를 차지했던 데 반해, 강원도는 2위였지만 360만 kg로 11%에 불과했다. 또, 멸치는 대부분 자건 제품으로 소비되었는데, 1937년 현재 자건제품이 742만kg인데 반해 젓갈은 25만kg뿐이었다. 정문기는 유어의 자건제품을 "이리코" 혹은 "시라츠보시"라고, 성어 건제품을 "고마메" 혹은 "타즈쿠리"라고 부르며 중요 식료품으로 소비하고 있다고 언급했다.

20세기 전후 일본 어민과 어업 기술의 영향을 받아 경남 남안에 이리코 중심의 멸치 어업이 성립한 뒤에도 조선의 멸치 어업 구조는 식민지기 내내 지속되었던 것으로 보인다. 우선, 다음 <표 9>를 통해 1930년경 전남의 멸치 어업 구조를 확인할 수 있다.

<표 9> 멸치 가공품 생산량과 생산액 (『全南の水産』 1932)

가공품	내지인		조선인		합계	
	수량	가격	수량	가격	수량	가격
素 乾 鰮	195貫	254	14,680	10,140	14,875	10,394
煮 乾 鰮	46,790	74,029	134,062	296,585	180,852	370,614
鹽辛등 이와시	-	-	240,000	108,000	240,000	108,000
壓搾 鰮	2,000	1,100	4,010	3,200	6,010	4,300

일본인에 비해 조선인의 전체 생산액이 훨씬 많고, 특히 염신(鹽辛), 즉 젓갈의 생산액이 가장 많은 것을 알 수 있다. 『수산편람』(1917)을 보면, 경북에서는 멸치젓갈이 다소 생산되었지만, 경남에서는 멸치젓갈이 전혀 생산되고 있지 않았다. 이점은 1934년 『경북의 수산(慶北の水産)』에서도 크게 다르지 않게 나타난다.[29] 멸치 최대 어획지가 되었음에도 경상도 지방에서 거의 젓갈을 생산하지 않고 있었던 것이다. 현재 경상도 대부분 지역에서 김치를 담글 때 멸치젓액을 사용하고 있다는 점을 감안하면 상당히 놀라운 일이 아닐 수 없다. 이와 관련해 경남 거창의 한 마을의 김장 문화를 조사한 강정원(2013: 203-204)의 보고를 참조할 수 있다. 그에 따르면, 이 마을에서는 "이전에는 젓갈은 거의 사용하지 않았다가," 1960년대 후반 이후가 되어 비로소 "젓갈을 조금씩 사용하기 시작"하였다.

29) 이 자료에 따르면, 일본인은 자건 멸치만을 전적으로 생산하고 있었던 데 반해, 조선인들은 여전히 소건이 가장 많고 이어 자건도 일부 하고 있었다.

경상도의 젓갈 사용이 1960년대 이후 급증한 사실은 제주도 사례를 통해서도 알 수 있다.[30] 제주도에서도 멸치류가 많이 잡혔지만, 젓갈이나 건멸치 생산은 잘 이루어지지 않았다. "제주도의 이와시는 지방분이 많아 제품이 되지 못하고, 특히 장마기가 성어기로, 많이 잡아도 이리코로 제조가 불가능한 사정"이었다(和田長三 1938: 35-36). 제주 북부의 추자도 사례를 보면, 젓갈을 만들기에도 용이하지 않았던 것으로 보인다. 추자도는 늦어도 조선 후기 이후로 대표적인 멸치젓갈 생산지였는데, 추자도에서 8월 이전에 잡힌 멸치는 습한 날씨로 인해 젓갈 제조 전문가라고 할지라도 왕왕 썩히는 수가 많았다.[31] 또, 습한 날씨뿐 아니라 제주도에 젓갈 제조에 필요한 소금 공급이 부족했던 것도 젓갈을 만들 수 없던 중요한 원인이었던 듯 보인다. 필자의 현지 연구 자료에 따르면, 광복 이후 전남 해남 등지에서 생산된 젓독에 전남에서 생산된 소금과 함께, 제주도에서 어획한 멸치를 담가서 만든 멸치젓갈은 제주 모슬포항을 통해 경상도로 운반되었다. 이로 미루어 경상도 지방에 젓갈 소비가 본격적으로 시작된 것도 이때부터가 아닌가 생각된다.

다시 마른 멸치의 문제로 돌아와 식민지기 후반 멸치 소비 방식에 대해서는 한국전쟁이 휴전하고 얼마 뒤인 1957년 현지조사를 통해 작성된 박동호(1957)의 보고서를 통해 추정해 볼 수 있다. 1935~1955년까지 생산량과 소비 방식을 살펴보면 다음과 같다(<표 10>).

30) 경상도 지역의 젓갈 사용에 대해서는 좀 더 연구가 필요한데, 오창현(2013)이 경기 남부 연안의 염전을 사례로 지적한 바 있듯이, 광복 직후 중국과의 무역 단절에 따라 소금 수입이 어려워져 소금이 부족해진 상황을 고려할 필요가 있다.

31) 全羅南道水産試驗場, 1937, 『業務概況』第10號. 박구병(1996: 41)에서 재인용.

<표 10> 광복 전후 국내 생산 멸치의 소비상황(박동호 1957: 111~112)

연도	총생산량(貫)	일본수출량(%)	국내소비량(%)		
			전체	군수	민수
1935	902,494	(70%)	(30%)	-	-
1938	494,003	(84%)	(16%)	-	-
1941	1,115,949	(90%)	(10%)	-	-
1944	729,398	(87%)	(13%)	-	-
1947	1,167,800	(10%)	(90%)	(8%)	(82%)
1950	685,000	-	(100%)	(30%)	(70%)
1953	1,391,920	(1%)	(99%)	(40%)	(59%)
1955	1,102,500	-	(100%)	(45%)	(55%)

당시 1957년 통영의 멸치 어업은 1935~1945년 70~90%까지 이루어지던 일본 수출이 완전히 막히면서 멸치 가격이 폭락해 위기에 처해 있었다. 광복 직후 일본 측의 주문도 있었고 한국 정부와 어민의 노력도 있었음에도 불구하고, 멸치 수출은 생산가격이 낮아 난관에 봉착하게 되었던 듯 보인다.[32]

이러한 상황은 7~11월까지 오로지 멸치를 어획해 이리코로 가공하는 일에 종사하는 일본인 업자들이 결성한 히로시마온망어업조합(廣島鰮網漁業組合)(朝鮮水山會 1942)의 후신인 경남온망어업조합(慶南鰮網漁業組合)에 큰 타격을 입혔다. 1938년경 조선산 이리코의 이름으로 매매되는 금액은 경남 277만 원, 전남 50만 원으로 327만 원이었는데, 이중 일본인이 주력한 권현망 200만 원, 건착망 31만 원, 선예망 12만 원이고, 조선인의 재래어업인 분기초망 35만 원, 부망 11만 원, 지예망 34만 원, 기타 4만 원이었다. 조선산 이리코에서 권현망이 차지하는 비중이 61%였는데 경남의 권현망만을 계산하면 54%

32) 『공업신문』 1947년 11월 13일자; 『호남신문』 1948년 12월 23일자; 『연합신문』 1949년 4월 21일자.

에 달했다. 경남온망어업조합은 일본 수출이 이루어지는 1947~1950년까지는 조선 멸치 어획량의 총 22~32%를 차지하며 생산량의 77%를 수출했으나, 1950년 이후로는 1951년 한해를 제외하면 전체 어획량의 1%도 수출하지 못했다(박동호 1957: 113).[33)]

그러나 일본 수출품에는 품종이 제한되어 있었는데, 광복 이전에는 일본인의 기호에 따라 「세랭이」, 즉 지리멘에 대한 수요가 높아 "보통 「멸치」 가격보다 6할이나 고가"였기에, 멸치 치어를 주로 포획했다. 그러나 광복 이후에는 "한국인은 이것을 좋아하지 않기 때문에 그 수요가 적어지고 따라서 이 「세랭이」 가격도 보통 「멸치」 가격보다 6할이나 저락되었다." 또한, 치어 판매가 어려워 치어를 잡지 않다보니 멸치 어획량이 늘어나 "「멸치」를 건조하는 충분한 시간적 여유가 없어 …… 자연 품질이 저하되고 이로 말미암아 더욱 「멸치」 가격은 저락"되었다. 이에 "가장 急先務로서 販路를 開拓"해야 한다고 지적하고 있다(박동호 1957: 96; 112).

위의 통계를 통해 비록 1920년대 중반 이후 어비(魚肥) 재료가 멸치에서 정어리로 대체되었으나 대부분이 일본으로 수출되어 국내 소비는 오히려 저조해졌음을 추정해볼 수 있다. 또, 3장에서 검토했듯이 일본인의 멸치 소비는 직접 식용보다는 육수용으로 이루어지는 경우가 많았고, 직접 소비인 경우에도 고바나 쥬바 멸치가 아니라 내장이 생기기 전의 작은 치어를 건조해 먹거나 생식하는 것을 선호했다. 이러한 소비 경향은 일제 강점기에도 동일하게 나타났던 듯 보인다.

---

33) 이처럼 광복 이후 일본으로의 수출량이 급격히 줄어든 것은 일차적으로 일본과의 수산업 무역이 단절된 탓이겠지만, 일본 자국 내에서의 생산량이 급격히 증가한 것과 밀접한 관계가 있는 것으로 보인다.

광복 이후 일본 내 이리코의 급격한 소비량 하락에 따라 한국산 멸치는 대략 1980년 전후까지 일본으로 수출되지 못했다. 일본 수출이 어려워지자 멸치는 결국 국내에서 소비될 수밖에 없었다. 한국인들은 광복 이후 약 30년 간 멸치 소비를 폭발적으로 증가시켜 왔던 것으로 보인다. 1960년대 이후 멸치 소비 경향은 네이버의 <뉴스라이브러리> 검색을 통해 파악 할 수 있다. 검색어 "멸치"로 신문 기사를 분석하면, 멸치의 국내 소비가 늘어난 것은 1960년대 이후 영양학에 대한 관심 및 도시락 식단과 관련 된다.

1969년 11월 22일자 『매일경제』는 멸치는 "우리 서민 생활에서 긴요한 음식의 영양과 맛의 일역"을 담당하고 있는데, "찌개나 탕을 끓일 때는 꼭 육수를 부으면 더욱 맛이 좋겠지만, 육수가 없을 때"에는 "멸치국물을 넉넉히 끓여서 병에다 넣어 두었다가 맹물을 붓지 말고 육수대신 사용"하면 좋다고 소개하고 있다. 1977년 9월 16일자 『매일경제』에서도 멸치가 "국이나 찌개국물을 낼 때 그 맛이 깨끗해 쇠고기 대용으로 자주 쓰이는 생선"이라고 적고 있다. 멸치가 전통적으로 사용되던 쇠고기 육수를 대체해가고 있음을 알 수 있다.

무엇보다 멸치 식용의 영양학적 가치가 높이 평가되었다. 1969년 10월 14일자 『매일경제』는 아침 결식 문제로 인해 일본인에 비해 신장이나 체중이 덜 나가는 사실을 지적하면서, 월요일과 수요일의 이상적인 식단 중 하나로 멸치볶음을 제시하고 있다. 또, 1974년 7월 12일자에서는 부산 시교육위원회가 실시한 실태조사보고서를 근거로, 지방과 단백질의 결핍 현상이 우려되기에, 튀김과 볶음요리를 많이 만들어 지방의 섭취량을 보완시켜줄 것을 건의한 뒤 멸치볶음을 이상적인 식단으로 제시하고 있다. 또, 1967년 12월 4일자 『경향신문』은 서울보건학교 교수의 말을 인용해, 칼슘이 부족한 상황에서 우유 대용품으로서 멸치, 뱅어포, 잔새우 등을 거론한 뒤 "멸치젓갈 다량 이용, 멸치 육수 이용, 멸치가루, 멸치통조림 소비"를 장려하고 있다.

이에 1970년대 들어서는 일본 내의 멸치 가격이 아니라, 학교의 개학이나 방학과 함께 멸치 가격이 급등하거나 급락하는 양상을 보이게 된다. 1971년 2월 11일자 『매일경제』에 따르면, 초등학교와 중고등학교가 개학함에 따라, 도시락 반찬 수요가 늘어나 잔멸치와 굵은 멸치 가격이 급등했다고 적고 있다. 이와 반대로 1972년 8월 15일자 『매일경제』에서는 "각 급 학교의 하기 휴학으로 김, 멸치 등 도시락용품의 수요가 부쩍 줄어 내림세"라고 적고 있다.

한국산 멸치는 1980년 전후가 되어서야 비로소 일본에 다시 수출되기 시작했다. 이 과정에 대해서는 경남 삼천포에서 수산물 무역업과 멸치 권현망 어업에 종사하고 있는 신○○ 대표로부터 들을 수 있었다. 신○○에 따르면, 일본으로의 멸치 수출은 1980년 전후 공멸(까나리) 수출에서 시작되었다. 일본인은 공멸 중에서 크기가 작은 것, 지방이 적은 것을 선호한다. 이후 일본인이 선호하는 지리멘 수출로 확대되어 1990년대 중반 이후 비로소 본격적인 멸치 수출이 이루어졌다. 남해안에 양식장이 늘어나면서 공멸을 잡을 수 있는 어장이 줄어들었기 때문에 공멸 수출이 사라졌다. 일본은 인도네시아에서 지리멘을 수입하기도 했는데, 인도네시아인은 지리멘을 먹지 않기에 수입이 가능하지만 상대적으로 맛이 떨어지기에 한국산을 선호한다.

또, 수입개방이 1997년에 이루어지면서 한국도 마른 멸치를 일본에서 수입하기 시작했다. 여러 종류의 멸치 중 한국에서 일본으로 수출하는 것은 여전히 지리멘 뿐이다. 반면 한국의 멸치 어획량이

적으면 일본에서 수입하기도 하는데, 한국인이 선호하는 중소형(고바-가에리)를 수입한다. 대멸의 경우에는 국내 어획량도 많아 수입할 필요도 없지만, 일본과 한국이 선호하는 맛이 달라 수입하기 어렵다. 최근 한국의 젊은 세대들이 마른멸치를 선호하지 않아 소비량 자체가 줄고 있지만, 현재 마른멸치를 가장 많이 먹는 나라는 한국이고, 멸치 중에서 유일하게 지리멘만 일본에서 더 많이 먹는다.

5. 결론

필자는 기존 연구(오창현 2015)에서 민족 관습으로서 의례라는 비합리적인 영역이 합리적인 경제를 구조화하고 있다는 점을 보여준 바 있다. 의례는 특별한 형식을 지닌 행위로서 일상과 구분되어 민족 간 차이가 가시적으로 나타난다. 반면, 이 연구에서는 의례와는 완전히 구분될 것 같은 일상의 물질적 영역으로부터 문화와 경제에 접근해 보았다. 현대 한국인의 밥상에서 거의 빠지지 않고 등장하는 멸치라는 일상에서 논의를 출발 했다.

이 논문은 일상에 접근하는데 있어 현장 연구와 비교 문화적 관점을 중요한 연구방법으로 차용하고 있다. 특히, 일본이라는 이질적인 민족 문화(ethniccustom)의 영향을 반세기 가까이 직접 경험한 한국인의 일상을 연구하는 데 있어, 한일 간의 비교 문화적 접근은 반드시 필요한 연구방법론이다.

이 논문은 먼저 한일 간의 인지 차이와 그 역사 문화적 배경에 주목했다. 또, 깊이 있는 이해를 위해 단순히 일본과 한국을 정형적인 담론 틀 속에 가두기보다는 각 지역 사례들을 분석하고 그 의의를 제시했다. 양국의 소비 문화를 이해함으로써, 기존의 조선 후기 및 일제강점기 문헌들을 새롭게 읽어 낼 수 있었다. 또, 개항 이후 일본의 영향 및 한국 문화 변동 양상을 이해하기 위해서는, 멸치의 회유 경로, 지역별 어획시기의 기후 조건을 고려할 필요가 있음을 제시했다. 이를 통해 한국인의 일상 속에 멸치가 들어오게 된 역사적 과정은 식민성(혹은 탈식민성)만으로는 설명될 수 없는, 멸치・지역기후・기술・시장・국가 등의 다양한 요소들이 영향을 미쳐온 매우 복잡한 현상이었음을 보여주었다.[34]

멸치는 조선 후기 사람들에게 값싼 반찬거리이자 (특히 호남사람들에게는) 젓갈로서 매우 친숙한 물고기였다. 그러나 개항 이후 수출되기 시작되면서 내륙 사람들의 일상에서 점차 멀어져 나갔다. 이러한 식민지 조선의 변화를 이해하기 위해서는 조선에 영향을 미친 일본 문화를 좀 더 세심하게 이해할 필요가 있다. 육수용 재료로 사용되는 멸치 이리코는 주로 비가 적고 상대적으로 건조한 기후인 세토내해(瀬戸内海) 주변에서 활발히 제조되었다. 가가와현에서는 18세기 이후 제조되기 시작해 도시의 이리코로 판매되었다. 그러나 가공방법이 미숙해 생산량은 적어 많은 양이 농촌의 어비 수요에 충당되는데 사용되었다. 그러다 19세기 중반 이후 효율적인 자건이 가능해짐에 따라, 이리코로 가공되는 비율이 획기적으로 증가해 19세기 말이 되면 많은 양이 이리코로 가공되었다.

이러한 어비와 다시에 대한 폭발적인 수요, 즉 일본 농촌에서 어비 사용 증대, 요리에서의 멸치 육수의 일상화는 일본 내에서 멸치 수요를 자극 했고, 개항 이후에도 조선 어민에, 조선 산업 구조에 큰

---

34) 다만, 멸치 어업 기술, 지역 어민들의 생업복합 및 국내 간 분업체계의 형성에 대한 규명은 앞으로의 과제로 남겨둔다.

영향을 미쳤다. 반대로 일본인의 일상 변동은 조선 식민화를 통해 가능했다고도 할 수 있다. 도미에 대한 의례적 수요가 제국주의를 추동한 한가지 계기가 되었음을 강조한 기존 연구(2015)에서처럼 멸치에 대한 일상적 수요 역시 시장을 매개로 많은 일본 어민들이 조선으로 이주하는 계기를 마련했다. 식민지기 가장 대표적인 일본인 어업인 도미와 멸치는 바로 당대 일본인의 의례와 일상의 표준화를 보여주는 물질적인 지표이자 제국주의를 추동한 일상의 원동력이었다. 농업용 비료로서, 육수용 재료로서, 밥 위에 올려먹는 간편한 반찬으로서의 멸치의 새로운 상품 가치는 광복 이후 상당부분 사라지고 말았지만, 멸치는 이내 과거와는 상이한 새로운 가치를 부여받아 한국사회에서 소비되기 시작했다.

자기 문화를 연구하는 사람은 "당연한 것"을 상대화하는 태도 위에서 의미 없이 치부하는 것들에 새로운 의미를 부여할 수 있어야 한다. 이 논문은 당연한 것이 당연한 것이 되어온 과정, 즉 일상의 형성 과정을 이해하려고 시도했다. 이는 일상의 당연한 것을 "하나의 역사적인 개체, 곧 역사적 현실 속에서 관련되는 요소들의 복합체(막스 1987: 2장)"로 설명하려는 시도이기도 했다. 이 연구의 문화인류학적 의의도 여기서 찾을 수 있는데, 일상 속의 당연한 것을 상대화해 변화의 흐름 속에 위치시켜 이해함으로써, (스스로를 근대적인 합리적 행위자로 인식하지만) 거대한 역사적 흐름 (다시 말해, 물질의 역사성) 속에 몸을 맡기고 있는 '나 자신과 우리'를 발견할 수 있었다는 점이다. 또한, 일상을 지배하는 행위가 근대적 합리성만으로는 설명될 수 없다는 점을 드러냄으로써 다른 분과학문들 사이에서 점차 왜소화되고 있는, 문화인류학의 '문화' 개념을 전면에 내세워 분석할 수 있었다는 점에도 주요한 의의가 있을 것이다.

참고문헌

강정원, 2013, “근대화와 김장 문화의 지속,” 『김치와 김장문화의 인문학적 이 해』, 세계김치연구소.

김면, 2012, 『독일민속학: 향토연구에서 유럽인류학으로』, 서울: 민속원.

김수희, 2015, 『근대의 멸치, 제국의 멸치』, 파주: 아카넷.

______ 2010, 『근대 일본어민의 한국진출과 어업경영』, 서울: 경인문화사. 김정란, 2017, “1930년대 조선총독부의 어업정책과 어업조합의 활동: 함경도 지역을 중심으로,” 한양대학교 석사학위논문.

김태인, 2015, “1930년대 일제의 정어리 油肥 통제 기구와 한국 정어리 油肥 제조 업자의 대응,” 충북대학교 석사학위논문.

김택규, 1982, “민속학의 성격과 과제: 그 과학성의 확립과 연구 과제를 위한 제언,” 김택규 · 성병희 편, 『한국민속연구논문선』, 서울: 일조각, pp.15– 54.

뒬멘, 리하르트 반(최요찬 역), 2001(2000), 『역사인류학이란 무엇인가』, 서울: 푸른 역사.

민츠, 시드니(김문호 역), 1998, 『설탕과 권력』, 서울: 지호.

박동호, 1957, “통영지방 멸치어업 실태보고서,” 『경제학연구』5(1): 94–116. 박구병, 1996, “챗배漁業史,” 『수산업사연구』, 수산업사연구소.

스피박, 가야트리 편(태혜숙 역), 2013, 『서발턴은 말할 수 있는가?–서발턴 개념의 역사에 관한 성찰들』, 서울: 그린비.

안승택, 2009, 『식민지 조선의 근대농법과 재래농법』, 서울: 신구문화사.

염정섭, 2014, “1880년대 고종의 권농책과 서양농법 도입 논의,” 『역사문화연구』 51: 35–70.

웨버막스, 1987, 『프로테스탄티즘의 윤리와 자본주의 정신』, 서울: 두리. 이병기 · 박승원 · 김진건, 1983, 『연근해어업개론』, 부산: 태화출판사. 이창언 · 노용석, 2014, “식민지 시기 일상사 자료 수집을 위한 방법론 고찰,” 『민족문화논총』58: 59–85.

오창현, 2014a, “20세기 전반 일본 안강망 기술의 전파와 조선 어민의 수용 과정 – 서해 조기 어업의 특징과 안강망 기술의 문화적 변용 – ,” 『도서문화』 43: 65–102.

______ 2014b, “조선 후기 서해 선인의 의례와 상징 그리고 계층적 전유: 20세기 서해 어민의 의례와 상징물에 대한 민속학적 연구,” 『한국

문화인류학』47(2): 201–246.
______ 2015, "물고기, 어업 기술, 민족 관습: 식민지기 어업 경제 구조에 대한 경제인류학적 연구," 『한국문화인류학』48(1): 39–87.
______ 2016, "19~21세기 한국 사회의 변동과 남서 연안부의 지역 축제: 근대 민족주의, 소비주의, 지역성을 중심으로," 『한국문화인류학』 49(3): 361–401.
______ 2018, "한국 남해의 멸치어업," 『한일해양민속지』, 국립민속박물관. pp.136–149
정문기, 1953, 『韓國魚譜』, 대한민국상공부.
코, 소피 D.・코, 마이클 D.(서성철 역), 2000(1996), 『초콜릿: 신들의 열매』, 지호.
Cwiertka, Katarzyna J., 2012, *Cuisine, Colonialism and Cold War: Food in Twentieth–Century Korea*, London: Reaktion Books

吉田敬市, 1954, 『朝鮮水産開發史』, 朝水會發行.
古田悅造, 1996, 『近世魚肥流通の地域的展開』, 古今書院.
神曲丹路, 2014, 『近代日本漁民の朝鮮出漁の研究: 朝鮮南部の漁業根據地, 長承浦・羅老島・方魚津を中心に』, 中央大學總合政策研究科博士學位請求論文.
失野實, 1911, 『漁獲物貯藏及製造新書』, 水産書院.
岩本通弥, 2006, "戦後民俗学の認識論的変質と基層文化論," 『國立歷史民俗博物館研究報告』132集.
岩本通弥, 2015, ""当たり前"と "生活疑問"と "日常"," 『日常と文化』1.
片岡千賀之, 2016, "近代におけるイワシ産業の発達," 『帝国日本の漁業と漁業政策』, 北斗書房.
和田長三, 1938, 『漁のしるべ』, 協同印刷社.
下啓助・山脇宗次, 1905, 『韓國水産業調査報告』, 農商務省水産局.

문헌자료

『香川県産「イリコ」の話』(2014(2012) さぬき海の幸販売促進協議会)
『慶北の水産』(1934 慶尙北道漁業組合聯合會)
『기선권현망수협90년사』(2010 기선권현망수산업협동조합)
『大分県水産試験場事業報告–煮干鰮改良竈試験』(1907 大分県水産試験場)
『멸치權現網水協發展史』(1990 기선권현망수산업협동조합)
『貿易統計表ヨリ觀タル朝鮮産業ノ狀況』(1918 朝鮮總督府)

『水産事項特別調査』(1894 農商務省)
『水産便覧』(1919 朝鮮總督府)
『業務概況』第10號(1937 全羅南道水産試驗場, 박구병(1996: 41) 재인용)
『五洲衍文長箋散稿』(19세기 이규경, 원문 http://db.itkc.or.kr/ 참조)
『牛海異魚譜』(1803 김려, 박준원 역(2004 다운샘) 참조)
『日本の食生活全集』1～50권(1980～1990s 農山漁村文化協會)
『全南の水産』(1932 全羅南道)
『朝鮮通漁事情』(關澤明清・竹中邦香同編, 1893, 團團社書店)
『朝鮮海通漁組合聯合會』4호(1903 在韓國釜山朝鮮海通漁組合聯合會本部)
『林園經濟志』중 「佃圭志」, 「佃漁志」(1820년대경 서유구)
『玆山魚譜』(1814 정약전, 정문기역(2002 지식산업사) 참조)
『朝鮮近海漁業視察概況』(1894 外務省通商局)
『朝鮮水産一斑』(1915 朝鮮水産組合)
『韓國水産誌』I–1(2010(1908) 農商工部水産局(이근우・신명호・신민정 역, 새미))
『朝鮮の物産』(1927 朝鮮總督府)
『朝鮮漁業組合要覽』(1942 朝鮮漁業組合中央會)
『朝鮮總督府統計年報』(1912～1932 朝鮮總督府編)
『韓海通漁指針』(葛生修吉, 1903, 黑龍會出版部).

인터넷자료

"국립수산과학원 홈페이지"(https://www.nifs.go.kr 참조, 2018.10.5. 접속)
"デジタル大辞泉" (https://dic.yahoo.co.jp/ 참조, 2018. 9. 15. 접속)
"국가통계포털" (http://kosis.kr/)
"네이버 뉴스라이브러리" (https://newslibrary.naver.com, 2018. 9. 15. 접속)
『경향신문』, 1967.12.4일자
『공업신문』, 1947.11.13일자.
『동아일보』, 1931.4.25일자. 1939.6.21일자
『매일경제』, 1969.10.14.일자,1969.11.22일자,1971.2.11일자, 1972.8.15일자, 1974.7.12일자, 1977.9.16일자
『연합뉴스』, 1949.4.21일자.
『호남신문』, 1948.12.23.일자.

제 4 장

한국 선원의 역사와 특징

한국 선원의 역사와 특징*

안 미 정 (한국해양대학교 국제해양문제연구소 부교수)**
최 은 순 (한국해양대학교 해사글로벌학부 교수)***

1. 서론

현재 '한국'은 세계적으로 유일한 분단국가이며 지리적으로는 반도국가이나 실상은 '섬'이라고 할 수 있다. 일제의 지배가 끝난 후 곧이어 발발한 3년간의 한국전쟁의 결과 남과 북 사이에는 오갈 수 없는 경계선이 만들어졌다. 북위 38도선 이남과 그 부속도서에 한정된 국토 안에서 전쟁을 딛고 정치체제의 안정과 경제 발전을 목표로 한 국민국가 건설이 한국의 20세기 역사였다. 그리고 그것은 '한강의 기적'이라는 말로 압축되고 있다. 이 글은 이처럼 압축됨으로써 응축되었다기보다, 오히려 가려지거나 간과 되어버린 역사, 혹은 그 존재를 재조명하는 데에 목적이 있다. 실상 '섬'이라는 가정을 놓고 볼 때, 한국의 '기적'은 바다를 건넘으로써 이뤄졌고 이를 견인한 존재가 바로 원양을 항해했던 선원들이다.

한국의 선원은 국가경제에 이바지한 이들로 특히 원양어선과 상선의 선원은 수출역군으로 알려지고 있다. 그런 반면에 한국 사회에서

---

* 이 글은 기존의 논문(인문사회과학연구 제19권 제1호, 2018. 02. 28, 부경대학교 인문사회과학연구소)을 수정·보완한 것임을 밝혀둔다.
** 한국해양대학교 국제해양문제연구소 부교수
*** 한국해양대학교 해사글로벌 학부 교수

뱃사람이라는 명명은 '언제나 술에 취하고 향락을 즐기며 바다에서 고된 일을 하는 가난한 사람'의 이미지로 귀속되어 버리는 경우도 있다. 반면, 1980년대 해운업이 활황을 거두고 있을 때 마도로스는 대중가요의 멋진 주인공으로 등장하기도 했다. 이처럼 다소 대비되는 선원에 관한 언설은 선원에 대한 겉과 속처럼 진위의 문제라기보다 오히려 압축적 근대를 이룬 한국의 근대사와 결코 무관한 것이 아니다. 게다가 선원에 대한 인문학적 연구가 너무나 미약한 실정인데, 이것은 선박건조와 수출경제에 대한 사회적 관심과 비교하면 대조적인 현상이다.

그러나 선원은 탐험가이자 모험가등의 이미지로 해외 문학작품은 물론 국내에서도 몇몇 작품들을 만날 수 있다. 그러나 해양인문학이라는 견지에서 볼 때, 선원들의 선상 생활과 언어, 해양 및 항해의 지식, 신앙, 가족, 공동체 등에 관한 연구는 거의 찾아보기 어렵다. 선원문화 및 그 역사와 사회적 위상 등에 관해 주목한 보다 연구는 해외에서 찾을 수 있다. 마커스 레디커(Marcus Rediker)는 바다와 인간의 관계 측면에서 항해자인 선원을 조명하였고 지역과 세계사적 맥락에서 차지하는 의의를 밝혔다. 18세기 영미의 선원의 역사를 담은 그의 저술 『악마와 검푸른 바다 사이에서: 상선, 선원, 해적, 영-미의 해양세계, 1700-1750』에서 그는 선원을 세계인, 집단적 노동자, 임금노동자 등으로 분석하였다. 당시의 영미의 대부분 사람들이 지역의 소규모 공동체에서 살고 있었을 때 "선원들은 광대하고 경계가 없으며 국제적인 세계에 살고 있었다. 선원은 일곱 바다를 항해하여 세계 끝단까지 탐험했다. 그는 세계 구석구석을 누비고 다닌 다양한 동료 노동자들 속에서 일하고 있었다. 이들의 노동으로 유럽, 아프리카, 아시아 및 남북 아메리카의 여러 대륙과 문화는 서로 연결되었다."[1] 선원을 통해 세계는 연결되었으며, 그들은 지역 공동체를 넘어 동료노동자 집단을 형성하기 시작했으며, 바다를 통해 탈경계적 세계를 형성해 나가고 있었던 것이다. 때문에 원양으로 나가는 선원은 한 국가의 국민경제를 일으킨 수출역군에서 나아가 자신의 노동과 생활이 지구화를 구현하고 있는 세계인이라 할 것이다.

한국의 선원 역시 수출의 역군으로 일컬어지며 이들의 개인 생애사는 한국의 사회사이자 지역사가 되기도 하고 동시에 세계사로 이어지는 통로를 만들고 있다. 하지만 이러한 특성이 산업이나 역사 속에서 그 위상이 드러나는가 하면 반드시 그렇지는 않다. 예를 들어 한국의 근현대사를 두로 담아 편찬한 동아일보사의 『사진으로 보는 한국백년』은 1876년부터 한국의 국토와 근대화, 독립투쟁과 광복, 산업경제와 생활 문화, 교육과 체육 등 제 분야를 망라하여 한국사회의 변모를 한 눈에 보여주고 있으나 전 4권의 시리즈의 어디에도 '선원'에 관한 내용을 찾아 볼 수 없다.[2] 따라서 이글은 한국 선원이 누구인지 그들의 역사를 통사적으로 살펴보고, 그에 따른 한국 선원의 특징에 대해 알아보고자 한다.

2. 한국 선원 연구의 동향

지금까지 한국 선원에 대한 국내 연구는 대다수는 2000년대 이후에 시작되었고 그 내용을 몇 가지 나누어 볼 수 있다.

---

1) 마커스 레디커, 박연 옮김, 『악마와 검푸른 바다 사이에서: 상선 선원, 해적, 영-미 해양세계, 1700-1750』, 까치, 2001, 19면.

2) 전 4권으로 이뤄져있고, 1978년 초판 발행 후 1996년 10판 발행되었다.

첫째, 선원의 법적 지위와 고용, 근로계약과 재해보상 등 법과 제도에 대한 논의가 이뤄져 왔다. 선원법에 따르면, 선원은 "임금을 받을 목적으로 배 안에서 근로를 제공하기 위하여 고용된 자"(선원법 제 3조 제1호)로 이들의 노동은 노동법과 해사법이 교차하는 지점에 있다.[3] 선원은 육상 근로자와 달리 해상에서 근무하는 "특별근로자"이다.[4] 그런데 이러한 특별한 위치는 선원들의 노동을 보호하기보다 권익을 침해하는 경우가 있다는 것이 지적되고 왔다. 예를 들어, 구창희는 선원근로자를 보호할 목적으로 제정 운영되어야 하는 선원법이 근로기준법이 정하는 최저 근로조건에 미흡한 경우들이 있음을 지적하며, 이를 '해상근로의 특수성 이론'에 근거해 문제제기하였다. "해상과 선박이라는 특수한 공간에서 근로를 제공하는 선원근로자의 특성으로 인하여, 육상근로자와 동일한 기준으로 근로조건을 적용할 수 없다는 사실을 주요 전제로 한다. 그런데 이 이론은 특수한 상황 때문에 선원근로자 보호를 강화하여야 한다는 역할과 함께, 오히려 선원법에 선원근로자의 권익을 침해하는 내용이 포함되는 것마저도 특수성으로 인한 불가피한 상황으로 정당화하게 되는 문제"가 있다는 것이다.[5]

법적 측면에서 선원의 노동은 '해상 위 선박'에서 이뤄지는 그 특수성을 어떻게 규정할 수 있는가가 쟁점이 되는 것이다. 바다 위의 선박에서 이뤄지는 해상 근무는 육상에서 생활하는 인간의 본래 모습과는 다른 상황 속에 있다고 하겠는데, 구체적으로는 과학기술의

3) 권창영, 「선원근로계약에 관한 연구」, 『노동법연구』제11호, 서울대학교 노동법연구회, 2001, 215면.

4) 권창영, 위의 글, 287면.

5) 구창희, 「선원법상 선원근로자 보호의 문제점과 개선방안」, 『노동연구』제23호, 고려대학교 노동문제연구소, 2012, 194면.

발달로 아무리 위험성을 경감시켰다고는 하나 여전히 회피할 수 없는 해상의 위험 상황에 직면하게 되는데, 그것은 육지와의 멀리 떨어져 있는 격리성과 선박 내 선원들이 독자적으로 문제를 해결해야 하는 점이 일반 육상과 다르며, 또한 먼 바다를 항행하는 외항선원의 경우에는 가족과 장기간 헤어져 있게 되는 이가정성(離家庭性)이 있다는 점에서 육상 근로자들과 구별되는 특징이다.[6)]

그러나 또 한편으로는 선원 노동의 이러한 특수성 보다는 보편성에 초점을 두고 선원법의 개선을 주장하는 논의도 있다. 오히려 시대변화를 반영하지 못하는 - 가령, 선원에게 차별적인 낮은 기준이 적용되거나 당직근무 시간이 일반 근로자보다 길고, 법적 적용이 근로기준법보다 늦게 반영되는 등 - 선원법의 개정을 주장하는 것이다. 선원노동환경의 변화를 법에 제대로 반영하고, 국제적 협약 수준을 충족시킴으로써 선원노동의 법적 보호방안을 모색하는 것이 중요하다는 지적이다.

이러한 주장은 선원 노동의 특수성 - 위험론과 고립성 등의 앞의 주장 -보다는 노동자로서의 보편적 측면 - 단기고용에 따른 직업불안정성이나 선원에 대한 입법자의 무관심 등 - 을 문제의 초점으로 보는 시각이다.[7)] 그렇다하여 선원 노동의 특성을 불식하는 것이 아니라 노동조건을 보호하는 필요성을 강조하며, 항행활동의 특수성을 이유로 단체행동을 제한하는 등 선원법이 가진 규제적 성격을 비판하고 있다.[8)] 이 주장은 해상근로의 특수성이 '특별한 보호'와 '특별한 제한'

---

6) 구창희, 위의 글, 195면.

7) 유명윤, 「선원법의 문제점과 개선방향에 관한 연구」, 『노동법학』 제14호, 한국노동법학회, 2002, 5~7면.

8) 유명윤, 위의 글, 9면

의 두 가지 양태로 나타나고 있기에, 특별한 보호가 근로기준법보다 못한 경우가 상당하거나 제한이 타당하지 않게 되는 경우가 있으므로 선원 노동이 근로기준법의 적용이 이뤄지도록 해야 한다는 것이다.

이와 같이 법적 쟁점을 이루는 것은, 해상 선박에서 이뤄지는 노동의 특수성을 근로기준법 상의 관련 규정으로 '포함'이 되어야 한다는 것과 그러한 보편성이 해상 노동의 특수성과 선박이라는 노동환경이 갖는 특수성을 '보장'하는가의 문제에 관한 것이다. 그렇다면 한국의 선원법은 이러한 특수성과 보편성을 법적으로 포함하거나 보장하고 있는가?

한국 선원법의 제정 목적을 보면, 선내질서를 유지하고, 선원의 기본적 생활을 보장 향상시키며 선원의 자질향상을 도모함을 목적으로 하는 법률로서(법 제1조), 이를 위해 선장의 직무와 권한, 선내 규율과 징계 그리고 쟁의행위의 금지 등 질서법적 규정과 노동계약, 임금, 근로시간과 휴일, 휴가 피해보상, 취업규칙 등 노동보호법적 규정을 함께 규정하고 있다. 결국, 한국의 선원법은 선원의 입장에서 볼 때 권리와 복지에 관한 것이기 보다 오히려 이들에 대한 규제적 성격을 가지고 있다는 것이 법적 쟁점의 출발점을 이루고 있다.[9] 현실적으로는 선원의 삶의 질을 향상시키는 제도적 마련이 중요하다는 지적도 있다.[10]

두 번째는 선원수급에 관한 연구가 중요한 문제로 다뤄져 왔다. 일반적으로 특정산업의 인력 수급은 국내시장의 수요와 공급에 의해 결정되지만 선원의 수급과 임금은 국제시장에 결정되는 특징이

9) 유명윤, 위의 글, 1면.

10) 최성두, 「선원의 "삶의 질" 제고를 위한 사회복지행정 개선방안 : 선원 사회보험제도를 중심으로」, 『한국행정논집』제18-4호, 한국정부학회, 2006을 참조.

있다.[11] 우리나라 선원인력 지원자는 계속 감소하는 데 반하여 국적 선박 보유량은 향후에도 계속 증가할 전망인 가운데, 선원의 수급이 향후 국가경쟁력 강화에 있어서 중요한 화두가 되고 있는 것이다.

선원들이 겪는 가장 큰 고통인 이가정성 및 이사회성이 문제로 지적되는 가운데 근로조건을 개선하기 위한 정책적 제안들이 이뤄지고 있다. 이러한 문제를 개선하기 위해 육상 근로자들의 임금상승에 비해 낮은 임금상승(2002년 육상근로자의 경우 65% 상승한 데 비해 선원임금은 43%상승)의 문제와 6개월 내지 2년 단위의 계약처럼 기간계약직이 대부분을 차지하는 문제, 고용보험에 있어서 해외 취업선원 및 연근해 어선원에게는 적용되지 않는 문제 등 제반 사항이 검토되어 왔다.[12] 이러한 문제들은 한국 선원이 직면하고 있는 현실을 보여주기도 하는 동시에 원양산업과 선원직을 사양직종으로 보는 시각이 팽배해 선원을 산업의 주변 인력으로 간주하고 있는 한국사회의 단면을 보여주고 있다.[13]

세 번째는 선원의 교육과 직업에 관한 연구를 들 수 있다. 이 분야의 연구는 한국의 산업(어업과 해운업)의 발전이라는 현실적 대응 문제와 국제 협약과 같은 세계적 동향에 대응해야 하는 필요성 속에 제기되는 사안들을 다루고 있다. UN해양법과 IMO(국제해사기구), ILO(국제노동기구) 등 한국이 회원국으로 참여하고 있는 국제기구에 회원국으로서 갖는 협약 이행의 문제이며, 동시에 이것은 국내의

11) 황진회, 「우리나라 선원수급 현황과 정책과제」, 『월간 해양수산』제 278호, 한국해양수산개발원, 2007, 35면.

12) 정상윤・장종원, 「원양어업의 안정적인 선원수급을 위한 근조조건 개선 연구」, 『수산해양교육연구』 제28-6호, 한국수산해양교육학회, 2016, 1656면.

13) 정상윤・장종원,, 위의 글, 1660면. 김성국・정재용, 「해양력 강화를 위한 우리나라 선원양성에 관한 연구」, 『해양환경안전학회지』제23-1호, 해양환경안전학회, 2017 참조.

해운업, 원양어업 등 지속적인 산업 발전을 위해 세계적 변화에 부응하지 않을 수 없다는 것에 초점이 있다. 국내 인력의 양성이나 교육의 출발점이 국내 산업인력의 육성이라는 의미에 한정되지 않고 세계성을 전제하지 않을 수 없음을 보여주는 것이다.

이러한 변화에 직면해 있는 선원들은 자신의 직업에 대해 어떠한 의식을 가지고 있었을까? 선원집단은 항해의 위험성을 줄이기 위한 첨단 장비의 탑재와 운영으로 업무가 증가하고, 노동의 불규칙성, 작업환경의 위험성, 임금형태의 특수성, 사회집단과의 분리, 가족과의 분리 등 직무특성으로 인해 스트레스에 취약한 인구 집단이라 알려져 왔다(황과 최 1996).

2006년 2000명을 대상으로 한 설문조사에서 선원들은 선상 생활로 인해 건강장애가 발생할 수 있다는 데에 약 60%가 응답함으로써 정신적 스트레스를 받고 있다는 것이 규명되었고, 스트레스의 주요 원인으로는 이성(배우자, 연인)과의 관계, 생활습관 변화(수면, 식생활), 채무와 채권문제, 직장문제(실직, 해고, 상사와의 갈등) 및 가족관계에 따른 것으로 알려졌다.[14] 같은 연구에서, 세계적으로 해마다 6백에서 8백 여 건의 해양사고가 발생하고 있으며 그 가운데 약 70-80%가 인적 요소에 따른 것으로 밝히고 있다.[15]

IMO는 국제안전관리규칙을 제정하여 사고 발생을 줄이기 위한 노력을 하고 있는 가운데, 선박의 좌초와 충돌, 침몰 등의 해양사고는 운항과실에 의해 발생하는 경우가 많으므로 결국 해양사고는 선박을 운항하는 선원의 건강과 복지 문제로 귀결될 수밖에 없음을 말

---

14) 문성배 · 정은석 · 하행동 · 전승환 · 김재호, 「선원의 직업성 스트레스 및 건강도에 관한 연구」, 한국항해항만학회 2006년도 춘계학술대회 및 창립 30주년 심포지움논문집, 한국항해항만학회, 2006, 45면.

15) 문성배 · 정은석 · 하행동 · 전승환 · 김재호, 위의 글, 39면.

하고 있다. 우리나라의 경우에도 해양사고의 원인이 인적과실의 비율이 71.8%를 차지하고 있음에 비춰볼 때, 선원의 건강은 해양사고를 줄이기 위한 우선적 목표가 되어야 하는 것이다. 더군다나 해양사고는 경제적 비용의 손실 규모가 크고, 해류를 따라 오염물질은 국지성을 뛰어넘어 여러 지역에 장기적 영향을 미친다는 점에서 초국가적 성격을 띠고 있다고 하겠다.

세계적으로 해운업의 성장에도 불구하고, 선진국에서 나타나는 선원 인력의 감소 현상은 한국 사회의 문제이기도 하다. 김정만 이동화의 연구는 선원의 임금과 근로조건 개선, 사회적 정체성과 경력 비전에 대한 만족도가 높을수록 이직율이 낮다는 것을 보여주고 있다. 특히 해외 원자재 수입과 제품 수출을 기반으로 하는 한국 산업구조는 해외 운송 인프라로서 선원의 중요성을 강조하지 않을 수 없으며, 선원 양성에 전문지식과 숙련된 기술을 요한다는 점에서 선원 인력의 감소 현상은 한국사회가 직면한 문제로 지적되고 있다.[16]

네 번째는, 한국 선원 인력의 다국적성, 곧 혼승에 따른 연구들이 진행되어 왔다. 외국인 선원의 국내 유입에 따라 선원들 간의 갈등, 이문화 적응에 대한 실증적 연구들이 진행되어 왔다. 국내 선원 시장에 외국인 선원들의 유입은 1991년 11월부터 외국인 인력고용관리지침에 따라 선박 1척당 3명 이내의 범위에서, 그리고 조선족 교포에 한정하여 외국인 선원의 고용이 가능하게 되었으며, 이는 2004년 다시 1척당 부원의 수는 7명으로 증가시키고 1명의 해기사를 고용하는 것으로 시행되었다.

그리고 2010년을 기점으로 노사 합의에 따라 고용 자율화가 시행

---

16) 김정만 · 이동화, 「선원의 이직의사 결정요인」, 『한국항해항만학회지』 제35-3호, 한국항해항만학회, 2011, 225면.

되었다.[17] 현재 우리나라의 외국인 선원은 중국, 인도네시아, 베트남, 미얀마, 필리핀, 캄보디아 등 다양하다. 특히 2008년을 기점으로 원양어선보다 외항선에 승선한 외국인 선원들이 급증하였다. 선원의 부족현상은 국내 해운선사의 심각한 문제로 대두되어 왔다. 선원들이 조기 하선하거나 기피하는데 반해 선복량(선박의 적재 용량)은 증가한 결과였다.[18] 또한 기업의 글로벌 경영활동은 국가 간의 접촉과 교류의 확대 및 이문화 간 접촉의 기회를 증가시켰다.

이에 외국인 선원을 대상으로 한 교육프로그램의 보완 필요성과 이문화간 커뮤니케이션 및 범죄 예방의 중요성이 지적되어 왔고, 외국인 어선원 교육을 위한 전담기구의 설치가 필요하다는 지적도 있다.[19] 이와 같이 국내 선원 시장의 변화로 말미암아 이문화의 적응에 대한 필요성과 선박에 혼승하는 선원들의 직무태도에 대한 연구가 진행되어 온 것이다.

마지막으로, 선원의 역사와 문화에 대한 연구를 들 수 있다. 이 분야의 연구는 앞서의 다른 분야에 비하면 미약하지만, 한국 선원에 대한 인문학적 연구로서 중요성을 가지고 있다. 역사 분야에서는 김성준(2002, 2006)에 의한 18세기 영국 선원의 연구와 조선시대 선원의 조직과 항해술에 관한 연구가 있고 선원 문화에 대한 연구로서는 최진철(2014)과 이윤길(2013)의 선상문화에 대한 연구가 있다. 세계적 해운 강국인 영국의 사례는 현재 한국이 직면하고 있는 선원 감

---

17) 허기영, <외국인선원 혼승형태와 이문화 적응에 따른 선원의 직무태도에 관한 연구>, 한국해양대학교 석사학위논문, 2014, 28면.

18) 허기영, 의의 글, 8면, 30면. 선복량(船腹量, bottoms, ship's space)은 선박의 적재능력을 말한다.

19) 이종석・신용존, 「외국인 선원 혼승선박내 선원간 문화동질성과 승선근무 내성의 차이가 조직커미트먼트에 미치는 영향에 관한 연구」, 『한국항해항만학회지』 제31-10호, 한국항해항만학회, 2007. 차철표・박종운, 「연근해어선에 승무하는 외국인 어선원의 관리방안」, 『수산해양교육연구』제23-3호, 한국수산해양교육학회, 2011을 참조.

소에 대한 대응에도 시사하는 바가 있다. 또한 근대적 선박 출현의 이전, 조선시대 선원의 조직과 항해기술을 살펴보는 것은 한국 선원 연구에서 뜻깊은 서막을 열었다고 평가할 수 있다.

그리고 선원 문화에 대한 연구가 거의 전무한 가운데 최진철의 연구는 기업의 필요성에 의한 선원인력 관리가 선상생활자인 선원들의 다양성을 표준화하고 강력한 직업문화를 강조하는 데로 나가는 방향에 대해 비판하며 선원들의 다양성을 선원 간, 문화 간 커뮤니케이션의 중요성을 재고시키고 있다.[20] 이윤길의 논문은 북태평양 공해어장에 진출한 다국적 선원들의 생활을 문화접변의 과정으로 두고 선원들의 종교와 세계관, 학력 등의 차이와 결혼과 노동 강도에 대한 노동의 가설을 세우고 설문조사와 인터뷰를 통해 선원문화에 대한 실증적 분석을 시도하였다. 앞서의 많은 연구들이 주로 상선이나 해운사의 직면한 문제, 즉 선원고용과 관리, 교육 등에 치중하였다면, 이 연구는 원양어선원을 대상으로 하였고 민족, 종교, 세계관 등에 선원문화에 초점을 두었다는 점에서 큰 의의가 있다.

이상의 국내 선원연구를 간단히 정리해보면 몇 가지 특징을 발견할 수 있다. 첫째, 한국 선원 연구는 주로 법, 행정, 해운항만 분야에서 이뤄져 왔으며, 그 내용에 있어서는 선원의 수급, 선원의 교육, 선원의 재해보험이나 직무 만족 등 해운업의 발전을 위한 선원의 '관리'가 초점에 있음을 볼 수 있다. 선원 노동의 법적 쟁점은 이 노동에 대한 본질적 해석에 관한 쟁점으로서, 바다 위 선박에서 이뤄지는 노동에 대한 성격규정의 논쟁으로 해석할 수 있다. 즉 해상근무, 선박근무가 갖는 특성이 보편적 노동법 안에서 어떻게 수용 · 보

20) 최진철, 「선상(선상) 문화교섭 연구의 필요성과 방향」, 『해항도시문화교섭학』 제11호, 한국해양대학교 국제해양문제연구소, 2014.

장될 수 있는가에 대해서는 여전히 논쟁적이다. 이 외 별도로 당면한 사회적 문제로 산업(해운업) 발전과 노사갈등을 줄이는 선원의 노동보호 및 복지를 위해 필요한 것이 무엇인가를 탐색하는 연구들이 이어져 사회적 기여도 컸다고 하겠다. 다만, 좀 더 나아가 이들 연구는 선원들의 관점에서 접근한 것이라 보기에는 한계가 있었다.

둘째, 사회적 문제 해결의 과제적 성격을 반영한 연구들이 양적/계량적 연구방법에 의해 이뤄져 왔다. 이러한 연구방법은 해운과 선원에 관한 일정한 경향성을 밝혀준다. 이는 근대 해운의 역사가 짧은 한국에서 연구 초기에 나타나는 특징이라고 고려된다. 또한 한국 해운 및 선원의 현상황을 보여주는 데에도 기여한다. 그런데 이러한 과제중심적이고 量的 접근은 주제중심의 質的 연구로 나아갈 때 더욱 더 유의미하다.

셋째, 앞서 연구들에서 선원 노동의 특징은 해상근무라는 데에 있다. 이로부터 이가정성과 이사회성(격리성), 문제해결의 단독성(선박고립성) 등이 선원 노동의 특징으로 지적되고 있다. 이러한 특징 외에도 기존 연구들이 보여주고 있듯이, 필자는 선원 노동은 바다라는 공간에서 이뤄지는 해양성, 그리고 국제적 협약에 민감하고 선원들의 다국적/다민족적 구성이 보여주는 세계성 또한 빼놓을 수 없는 특징이라고 생각한다.

넷째, 기존 연구에서 강조하는 선원은 선원법상의 근무자로 해상사고를 방지라는 목적 속에 선원의 복지와 교육의 중요성이 강조되어 온 것을 볼 수 있다. 따라서 선원 개념의 제한적 정의를 넘어서 항해자라는 견지에서 보면, 이들은 바다에 대한 지식, 항해의 노하우, 타국의 이문화 교류와 접촉의 경험, 다언어 민족과의 커뮤니케이션 등 선상노동의 전문적 기술과 지식 외에도 복합적 지식과 경험을 가진 존재라고 할 수 있다.[21] 때문에 선원 연구 또한 종합적, 융합적 영역으로 나가야 한다.

3. 정의: 선원, 선원문화, 시대구분

1) 선원, 선원문화

흔히 선원(船員)이라 하면 뱃사람을 말하는데, 이들은 『고려사』 속에서는 수수(水手)로 등장하며, 조선시대의 수군(水軍) 역시 넓은 의미에서 선원에 포함된다고 할 수 있으며, 20세기 초까지는 수부(水夫)라 지칭되는 선원들이 있었다. 일제가 지배한 후로는 해원(海員)이라 부르기도 하였다. 영어의 선원은 seafarer, seaman이라고 하는데 seafarer는 바다를 여행하는 사람이라, seaman은 항해자로 특히 사관(officer)이 아닌 사람으로 정의되고 있다.[22] 또 다르게는 seafarer를 배를 움직이는 사람, 바다를 정기적으로 여행하는 사람이라고 정의하고 있다.[23] 이들 정의로 보면, 일반적으로 선원은 직급이 반영되기도 하지만, 기본적으로 항해자라고 보는 인식이 있음을 알 수 있다. 우리나라 표준국어대사전에서는 선원을 배의 승무원으로 정의하고 있다.[24]

21) 실제 선원 생활을 하였던 선원들이 자신의 경험에 근거한 항해기를 발간한다든가, 인터넷 블로그를 이용한 선원생활 소개하고 있는 것을 볼 수 있는데 이들은 선원 연구 및 해양인문학 텍스트로서 주목할 필요가 있다. 몇 가지를 소개하면, 신강우, 『신강우 선장의 유쾌한 항해기』, 자유지성사, 2005. 이종훈, 『바다아리랑』, 한솜, 2009. (재)한국해사문제연구소, 『선원열전』, 해양수산부·한국해기사협회·한국도선사협회·한국해사재단, 2004.

22) Cambridge Dictionary(https://dictionary.cambridge.org, 2018.2.5.검색.)

23) Collins Dictionary(https://www.collinsdictionary.com, 2018.2.5.검색.)

24) 국립국어원 표준국어대사전(http://stdweb2.korean.go.kr, 2018.2.5.검색)

『선박항해사전』에 의하면, 선원(seafarers)이란 선박 안에서 근로를 제공하기 위하여 고용되어 임금을 받는 자를 말한다. 한국의 선원법에서는 승선 중인 선장, 해원뿐만 아니라 예비원도 포함되는 개념이나 상법상으로는 좁은 의미로 해상기업인인 선박소유자 도는 선박 임차인에게 고용되어 현재 특정 선박에 승무하고 계속하여 선박상의 노무에 종사하는 근로자를 지칭한다.[25] 선원이 일하는 곳이 선상이라는 것을 감안할 때, 선원은 배를 움직이는 사람을 말하기도 하지만 배를 움직이는 사람이라 하여 모두 선원이고 하지는 않는다. 우선 '배'는 물 위에 떠 있는 부양성(浮揚性)과 사람과 물건을 싣고 있는 적재성, 그리고 물 위를 오가는 이동성이라는 3개의 조건을 갖춘 구조물을 말한다. 움직이지 않는 창고 역할을 하는 배라든가 수로를 비추는 등선(燈船), 또는 물 위를 이동할 때 기계의 힘을 사용하지 않는 배는 기술을 필요로 하지 않기에 여기에 승선한 사람을 선원으로 부르지 않는다. 선원이 움직이는 배로는 상선, 어선, 특수선(학술연구, 연습선, 순시선, 구난선, 기상예측선 등) 등이 있다.[26]

선원법에서 선원은 선장과 해원, 예비원으로 구분하고 있으며(선원법 제3조 제1내지 5호), 선박직원법에서 '선박직원'은 해기사로서 선장과 해원(海員)을 말하는데, 해원 가운데에서도 항해사와 기관장(사), 통신장(사), 운항장(사)의 직무를 행하는 사람을 말하고 있다.[27] 이처럼 선원에 대한 정의는 선박이라는 근무조건과 선상에서 이뤄지는 전문기술에 따라 분류되고 있는 것을 볼 수 있다.

---

25) 공길영, 『선박항해사전』, 다솜출판사, 2015, 229면.

26) 東健一郎, 『船員への道』, (株)成山堂書店, 昭和49年(1974년), 2면.

27) 전영우, <선원의 역할과 가치: 국적선원의 양성 필요성>, 한국해양수산연수원 보고서, 2014, 10면.

<표 1> 선원의 구분

<table>
<tr><th rowspan="2">선장</th><th colspan="2">해 원</th><th rowspan="2">예비원</th></tr>
<tr><th>직원</th><th>부원</th></tr>
<tr><td rowspan="2">해원을 지휘·감독하며 선박의 운항관리에 관하여 책임을 지는 선원</td><td>항해사, 기관장, 기관사, 통신장, 통신사, 운항장, 운항사, 그밖에 대통령령이 정하는 해원</td><td>직원이 아닌 해원</td><td>승무중이 아닌 자
(통상임금의 70%임금지급)</td></tr>
<tr><td>대통령령이 정하는 해원에는 어로장, 사무장, 의사 등
※ 갑판장, 조기장, 조리장 등의 경우 직원에 해당되지 않음.</td><td>부원은 갑판장, 갑판수, 갑판원, 조기장, 조기수, 조리원 등으로 구분</td><td>예외
- 선박 3척이하 소유
- 승선할 선박을 특정하여 선원근로계약 체결시</td></tr>
</table>

자료: 전영우, <선원의 역할과 가치: 국적선원의 양성 필요성>, 한국해양수산연수원 보고서, 2014, 9면.

그러나 앞서 보았듯, 일반적으로 선원은 보다 포괄적 의미에서 항해자라고 할 수 있으므로 선원의 역사는 근대 이전의 역사를 아우르고, 그들의 문화는 항해와 관련된 전문적 지식과 기술 및 신앙, 예술, 도덕, 법, 관습 등 선원들이 획득한 모든 능력과 습관들을 포함하는 복합적 총체라고 할 수 있다.

따라서 오늘날 선원에 대한 연구는 바다(해양)에 대한 지식과 노하우를 가진 항해자, 세계 해운업을 선도하고 있는 선상 노동자로서의 법적 지위와 특징, 대양을 가로질러 이국의 항구도시들을 오가는 이문화와의 교류 및 접촉의 경험자라는 복합적 성격을 고려하지 않으면 안 된다.또한 이들의 지식과 세계관을 담은 시, 소설 등의 문학작품과 지도와 여러 교본들 등 다양한 생산물들도 선원의 지적, 물질적 산물로서 선원문화에 포함된다.

이러한 선원들에 대한 역사와 문화에 대해서 알려진 바는 거의 없다. 이는 왕왕 거론되듯이 한국사회의 저조한 해양 인식과 무관하다고 보지는 않지만, 그에 앞서 바다와 인간의 관계를 탐색하지 않은 해양인문학의 부진이 낳은 결과라고 본다. 바다를 육지의 부산물이거나 수단, 도구로 보거나 단지 물리적 공간으로서 인간과의 관계를 탐색하지 않는다면 바다는 '비사회적 공간'으로서 대상화 될 뿐이다. 인간과의 '관계'를 탐색하는 해양 연구가 이뤄질 때 바다는 사회적 공간으로서 유의미하기 되기 때문이다.

2) 대륙성과 해양성의 관계로 본 시대구분

지금까지 선원에 대해 포괄적으로 다룬 역사서로는 한국해사문제연구소에서 펴낸 『우리 선원의 역사』을 꼽을 수 있는데,[28] 여기에서는 해방 전후를 기점으로 한국 선원사를 중점적으로 기술하고 있다. 한국 선원의 기원을 고대 한민족의 해상활동으로 소급하고 있으나 중심은 근대해운, 곧 19세기말을 기점으로 한 선원사에 초점이 있는 것이다. 대부분 이처럼 선원의 역사 기술이 근대 이후에 치중되어 있는 반면에, 바다를 통한 교류 및 문화 전파라는 거시적 관점에서 해운 및 선원의 역사를 규명하고 있는 연구도 있다. 손태현의 『한국해운사』는 한반도 주변의 해상 교통 및 교역의 역사를 통사적으로 망라하고 있는데, 앞서 『우리 선원의 역사』에서도 전근대 역사는 이 저작에 기대어 고찰하고 있으며, 해운업만이 아니라 선원에 대한 연구에도 중요한 준거를 제공하고 있다.[29]

이 저작은 선사시대부터 근대에 이르기까지 해운에 의한 교역사를 다루고 있다. 흥미로운 점은 지금까지의 시대구분을 대륙성과 해양성의 역학관계에 따라 구분하고 있다는 점이다. 그는 우리나라가

28) (재)한국해사문제연구소, 『우리 선원의 역사: 상선선원을 중심으로』, 해양수산부·한국해기사협회·한국도선사협회·한국해사재단, 2004.

29) 손태현, 임종길 엮음, 『한국해운사』, 위드스토리, 2011.

반도국으로 대륙성과 해양성적 성격이 공존하고 있고, 내외부의 어떠한 계기에 의해 어느 한쪽의 성격이 강하게 지배하는 것을 볼 수 있다고 하는 것이다. 또한 외부세력의 문화적 파급이나 어떠한 영향은 육지나 바다 중 어느 쪽을 경유하느냐에 따라 그 질과 내용은 달랐다는 것이다.[30]

<표 2> 한국 해운사 시대구분

372년

약 1500년의 시구간

1880년

670년

1150년

선사 해상 교통 시대	북압=0(I)	견사항운(遣使航運)시대		조운 시대	북압=0(Ⅱ) 자본주의 맹아기	자본주의 해운 쇠망기	자본주의 해운 발전기
		전기 견사항운시대	후기 견사항운시대				

원삼국	삼국정립 시대	통일 신라	후삼국	고 려	조 선 구한말	한일 병합	대한 민국

자료: 손태현, 『한국해운사』, 위드스토리, 2011, 14면.

그의 주장에 따르면, 한반도의 해양활동은 북방으로부터의 대륙세력의 압력 혹은 그 영향과 인과관계가 있다는 것으로, 북방의 대륙세력의 압력이 강할 때 한민족의 해양활동은 쇠약하였고 대륙세력의 압력적 성격이 없어지거나 약화되었을 때 한민족의 해상진출이 왕성해졌다는 것이다.[31] 즉 북방 대륙의 정치적 세력에 의해 한반도의 해양활동은 변화하였다는 것이라 하겠다.

이러한 주장은 대륙과 해양이라는 이분법적 접근이자 북방세력을

30) 손태현, 임종길 엮음, 위의 책, 소개문.

31) 손태현, 임종길 엮음, 위의 책, 11면.

결정적 요인으로 보는 한계가 있다. 그럼에도 기존의 왕조의 흥망을 중심으로 보는 역사에서 동아시아 제국들의 상호 교역(특히 해상을 통한)을 중심으로 한 해양의 역사를 밝히고 있다는 점에서 중요한 시점을 제공해 주고 있다. 게다가 해운의 개념을 근대적 무역의 한정된 용어가 아니라 선사시대의 원시적 주선(舟船)에 의한 해상왕래까지 포함함으로써 연구의 폭을 넓혔다.

4. 한국 선원의 역사적 전개와 특징

1) 고대, 중세의 선원 역사: 성장과 쇠락

한국 선원 연구의 대부분은 일제시기 혹은 해방 이후라는 근대시점을 기준으로 하고 있어 한반도의 오랜 항해기술자들에 대해서는 많이 알려지지 않았다. 선사시대의 유적과 유물을 통해 볼 때, 한반도의 사람들은 일본 열도 및 요동반도와 연해주에 이르기까지 주변지역과 교류하고 있었으며, 삼국시대에 이르러서는 사신의 왕래 및 사무역이 성행하여 해상을 통한 교역이 활발하였다는 것을 보여준다. 그러나 이러한 역사는 항로와 선박기술, 교역에 초점이 두어져 이를 가능케 하였던 항해자들의 기술이나 지식, 그 존재 등에 관해서는 알려진 바가 거의 없다.

일본 헤이안시대의 승려 엔닌(圓仁)의 『입당구법순례행기』에서는 9세기 무렵 신라인의 항해기술을 엿볼 수 있는데, 일본이 견당사를 파견 할 때 조공선의 항해기술을 신라인이 지도하였으며, 중국과 일본 사이의 항해할 수 있는 선박도 신라 배를 이용하였다는 점에서

우수한 항해기술을 가진 배와 선원이 있었음을 알 수 있다. 물론 장보고가 청해진을 거점으로 해양 활동을 벌인 것은 잘 알려진 역사이며, 그것은 장보고의 사후에도 고려로 이어졌다.[32]

선원의 존재는 고려시대에 이르러 두각을 나타내는데, 그것은 몽골의 지배와 일본 원정 상에서 드러나고 있다. 그리고 당시 선상(船上)에서 분업도 이뤄졌음을 보여준다. 『고려사』에 등장하는 선원에 관한 기록을 보면, 1044년 선두(船頭)와 초공(梢工, 키를 담당하던 사람)과 선원[水手]에게 포상하였다는 기록이 있으며,[33] 1232년 몽고의 요구에 따라 배 30척과 선원 3천명을 보냈다고 한다.[34] 1272년에는 원나라가 제주를 토벌하기 위해 군과 선원을 선발하였고,[35] 1274년 고려 조정이 원나라에 동녕부(東寧府)의 백성들을 선원으로 보충하도록 하는 요청하였다는 기록도 보인다.[36] 1281년에는 몽고의 일본 정벌에 나섰던 동정군(東征軍) 9,960명, 뱃사공과 선원 17,029명 중에 살아온 자가 19,397명이라는 보고도 있다.[37] 고려 중엽 12세기 말부터 남송과의 해상왕래가 두절되자 무역과 관련 있는 해운은 거의 소멸하고 봉건국가의 현물세제도에 의한 조운(漕運)의 활동이 활발하게 전개되었다. 선박[漕船]과 선원[漕軍]도 봉건제의 조운제도 안에 존재했다.

32) 손태현, 임종길 엮음, 위의 책, 49면.

33) 『고려사』권 6, 정종 10년, 1044년 11월 18일(음) 을해(乙亥).

34) 『고려사』권 23, 고종 19년, 1232년 3월 13일(음) 갑오(甲午).

35) 『고려사』권 27, 원종 13년, 1272년 12월 11일(음) 을미(乙未).

36) 『고려사』권 27, 원종 15년, 1274년 4월 18일(음), 갑자(甲子).

37) 『고려사』권 29, 충렬왕 7년, 1281년 11월 20일(음), 임오(壬午).

2) 근대 한국 선원의 형성과정과 특징

(1) 근대적 전환 모색: 19세기 말 해운기관과 선원

한국의 근대해운의 발달은 19세기 말부터 자본주의 맹아가 싹트며 시작되었다. 그러나 서구 열강과 일본에 의해 조선 정부의 해운산업이 침식, 쇠퇴의 길을 걸었고, 근대적 항해기술을 익힌 선원의 육성은 식민지 지배체제 하에서 제한되었다. 우선, 조선 정부는 19세기 말 기선해운을 관장할 기관을 정비하여 해운을 경영할 기관으로서 1883년 통리교섭통상사무아문(統理交涉通商事務衙門)을 시작으로 전운국(轉運局), 이운사(利運社) 등으로 이어지는 기관들을 설립하였다. 이운사는 한국 최초의 해운기업이었으나 1895년 일본우선주식회사(日本郵船株式會社)에 경영권을 이양하였다가 1896년 회수하게 되고, 다시 1901년 대한협동우선회사(大韓協同郵船會社)에 2척의 기선을 위양함으로써 관영 기선의 시기는 끝을 맺었다.[38)]

개항 후 여러 외국기선들이 우리나라의 수역에 내왕하였으며, 한국선원에게는 근대식 선박기술을 습득할 기회가 없지 않았다. 왜냐하면, 1884년 미국인, 영국인이 한국에 기선회사 설립을 계획해 한국정부와 협약을 맺었으며, 그 내용에 따르면 한국인의 자본참여를 권장하고 대리점을 한국인에게 맡기며 해기분야에 있어서나 선박운항・영업 분야에 가능한 다수의 한국인을 채용하여 훈련하겠다는 것이었다.

이 기선회사는 한국 연안의 미개항지 간에 선박을 운항해 화객과 우편물을 운송하는 기선회사로, 당시 외국계(영국과 독일)의 이화양행이나 세창양행이 해외 수출입에 관한 영업을 하고 있었던 반면 한

38) 손태현, 임종길 엮음, 앞의 책, 92면.

국 내 미개항지 구간의 운항을 계획하였다. 한국정부 측으로서는 당시 중국 내 항운업 거래가 활발하고 연안무역 관계 제반 업무를 발전시킨 효과가 있음을 보고 이 회사의 설립을 허가한 것으로 보인다. 중국과 일본에서는 구미의 자본주의 물결이 파급된 후 구미인들의 사업을 담당함으로써 새로운 기술과 자본주의적 기업경영 방식을 습득할 수 있었을 뿐만 아니라 자본축적의 기회도 가졌다. 따라서 이 기선회사의 운영이 현실화되었다면 기술과 기업경영의 방식 등에 있어 일대 혁신이 일어났을 가능성이 있었기 때문이다. 그러나 이 기선회사는 설립허가를 받았으나 계획에 그치고 말았으며 그 원인에 대해서는 알려진 바가 없다.[39]

(2) 식민지 노동산업: 선원 양성 그리고 동원, 징용

러·일 전쟁 직후인 1905년 11월, 일본은 조선에 통감부를 두었고 개항지와 일본 간 해운을 일본우선주식회사와 대판상선주식회사가 독점하기 시작했다. 그리고 전국 주요지역에 거주하는 일본 거류민들에 의해 각지 해운회사가 설립되었다. 1906년 통감부는 한반도의 연안항로를 조사하였으며, 1907년에는 부산에 거류하는 일본인에 의한 부산기선주식회사 설립(18명의 발기인 중 5명은 조선인)을 지원하여 1908년 설립하게 되며, 1909년 목포항운합명회사 설립(일본 거류민 7명이 출자), 인천에서도 1908년 일본 거류민들이 해운사 설립에 보조금을 신청하였다가 각하된 사례가 있었다.[40]

1910년 한일병합 이후 조선총독부는 한반도 주변의 대일, 대중국

39) 손태현, 임종길 엮음, 위의 책, 105~108면.
40) 손태현, 임종길 엮음, 위의 책, 198~201면.

항로를 개척, 확충해 나갔으며, 원산, 목포, 부산의 기선회사들을 통합하여 1912년 조선우선주식회사를 출범시켰다.[41] 그러나 병합 초기 선원에 대한 관련 규정은 준비되어 있지 않았다. 1913년 매일신보 보도 기사를 보면, 당시까지 조선에는 해사(海事)에 관한 통일된 법규가 없고 선박법과 선박검사법, 선박검사규칙 등이 있었을 뿐 선원자격 결정 등에 관한 법률이 없었다.[42] 또한, <조선총독부관보(1913.9.26.)>에 따르면, 연안무역과 어업에 종사하는 선박에 대해 선장과 선원의 반수 이상은 일본인이어야 한다고 규정하였다. 다만 외국에 왕래하고 또는 조선과 일본 臺灣 및 화태(사할린)간에 통항하는 정크선에 대해서는 예외로 하고 있었다. 이에 미뤄 짐작해본다면, 선원은 선박보다 뒤늦게 근대적 법 테두리 안으로 들어왔으며, 조선의 선원들은 일본이 구축해 나가던 대외 항로의 확장 속에서 일본인 선원들과 혼승하여 일하고 있었다.

1914년 조선총독부는 선원 및 선박직원에 관한 법령을 발포하였고, 1차 세계대전으로 맞은 해운 호황과 해원의 부족 문제를 해결하기 위해 해원양성기관을 설립하게 된다. 1919년 9월 인천, 1927년 9월 진해에 해원양성소를 개소하였다. 고급선박직원의 양성을 목적으로 설립되었고, 1944년까지 졸업자가 317명(한국인 141명, 일본인 176명)이었다. 이외에도 간부 내지 소형선박 직원의 양성을 목적으로 통영과 인천 월미도에 해원양성소를 두기도 하였다. 중일전쟁이 일어나자 대량 선박이 징용되었고, 1940년 총동원법에 의한 해운통제령이 제정되어 해운의 국가총동원체제가 강화되었다.[43] 또한 조

41) 손태현, 임종길 엮음, 위의 책, 202~203면.

42) 每日申報 1913.5.9.

43) 손태현, 임종길 엮음, 앞의 책, 227면.

선해사보국단에서 인천, 부산, 진남포, 신의주, 원산, 목포, 청진, 나진, 군산, 여수, 성진, 웅기, 통영, 제주, 포항에 선원직업소개소를 신설하였고,[44] 1945년 5월 선원 전부에 대해 징용이 실시되었다.[45]

<표 3> 1910~1930년대 해기면허 보유자와 선원*

연도	해기면허보유자			선원 수**			
	일본인	조선인	계	일본인	조선인	외국인	계
1914	434	21	455	956	568	8	1,532
1915	580	30	610	1,304	755	8	2,067
1916	674	36	710	1,868	910	30	2,808
1917	846	37	883	2,260	1,144	31	3,435
1918	782	127	909	1,683	1,654	132	3,469
1919	833	145	978	1,674	2,016	101	3,791
1920	857	177	1,034	1,622	2,261	112	3,995
1921	932	196	1,128	1,932	2,568	117	4,617
1922	975	232	1,207	2,318	3,148	125	5,591
1923	1,013	265	1,278	2,857	3,650	171	6,678
1924	1,176	289	1,465	3,326	4,165	184	7,675
1925	1,258	332	1,590	3,634	4,737	189	8,560
1926	1,346	410	1,756	3,987	5,357	200	9,544
1927	1,236	418	1,654	1,863	3,100	104	5,067
1928	1,298	453	1,751	1,850	3,219	104	5,173
1929	1,352	529	1,881	1,792	3,138	103	5,033
1930	1,358	621	1,979	1,816	3,250	91	5,157
1931	1,546	889	2,435	2,209	3,701	109	6,019
1932	1,646	907	2,553	2,497	3,806	97	6,400
1933	1,756	1,042	2,798	2,612	3,955	77	6,644
1934	1,833	1,156	2,989	2,797	4,377	65	7,239

자료: 손태현, 『한국해운사』, 2011, 217~218면.
* <표 5-9>, <표 5-10>을 통합하여 필자가 재작성함.
** 선원수첩을 보유하고 있지 않은 자까지 포함한 수이다.

44) 每日申報, 1942.10.22.

45) 손태현, 임종길 엮음,앞의 책, 233면.

(3) 성장과 변화: 대양 진출, 세계 교역시장에 취업

해방 후 일본인 재산이 미군정청에 귀속된 후 1948년 한미협정에 의해 한국정부에 이양되었다. 적산(敵産) 해운기업체와 그 소속선박도 한국정부로 귀속되었으며 대부분 범선, 기범선, 잡종선으로 소형 노후선들로 외항선으로 이용할 수 있는 선박은 극히 적었다.[46] 1946년 4월 기준, 귀속된 해운기업체는 14개였고, 여기에 소속된 선박은 163척의 총 톤수가 18,751톤이었다. 척당 평균톤수는 1천 톤을 넘는 경우가 드물고, 평균 20~250톤 미만의 선박이 대부분이었다.[47] 미국원조에 의한 선박은 모두 40척에 총 4만 톤의 선복량을 가지고 있었다. 그러나 이들 선박은 군상륙정, 수송선 등 군용선이었다.

해방 정국 속에서 해외에서 들어오는 귀환자들과 해방의 환희로 전국적으로 이동하는 사람들이 많아져 여객선이 활기를 띠었다. 게다가 통제물자가 유통되어 연안화물 수송도 증가하였고 미국원조물자들이 부산을 중심으로 연안 각지에 수송되었다. 정부의 불하조치로 선박을 취득한 업체들은 선박을 직접 운항하는 선장인 경우가 많았으며, 이들이 연앙해운을 이끌었으나 영세하였다. 정부가 해운공사를 설립하여 특별법에 의해 국책회사를 지원하였던 것에 비하면, 이들 영세해운업자들은 육상교통과의 경쟁, 정부의 지원 미비 등으로 외항 해운업으로 성장하지 못하였다.[48] 해운업은 대자본을 필요로 한 산업으로 많은 영세 해운업자들을 지원한다는 것이 국가 재정이 열악했던 한국 정부로서 큰 난점이었을 것이다. 그러나 초기의

46) 손태현, 임종길 엮음, 위의 책, 252면.

47) 손태현, 임종길 엮음, 위의 책, 253면.

48) 손태현, 임종길 엮음, 위의 책, 260~261면.

이러한 정부 지원에 대한 강한 의존성은 이후에도 한국 해운업의 특징으로 계속 남아 있었다.

그럼에도 어려운 상황을 딛고, 한국의 해운업은 세계적으로 유례를 찾아보기 1960년대 중반부터 연평균 약 25%의 급성장을 거뒀으며 1981년에 이르러서는 세계 13위의 해운국으로 성장하였다.[49] 성장의 배경과 선원 사회에는 어떠한 변화가 있었는가? 한국 선원들의 해외 진출은 1960년대 수출산업이 경제개발의 핵심 분야가 되었고, 외항선원들(특히 해기사)에게 있어서도 외화획득의 기회가 되는 등 많은 선원들이 원양의 어선과 상선, 그리고 해외취업선에 취업하기 시작했다.

80년대 초반까지 선주와 선박의 국적을 보면, 일본이 압도적으로 많았다.[50] 1985년 선원 고용에 관한 통계자료를 보면, 상선에 승선한 선원들이 전체의 90%를 차지하고, 이들 중 해기사 약 36.3%(19,031명) 부원이 약 63.7%(33,379명)이었다. 이들은 국적선(21.2%, 11,119명)보다 외국적선(78.8%, 41,291명)에 많이 승선하고 있었다. 외국적선의 경우 상선은 우리나라 선원들로 구성된 경우가 많았으나(전체의 68.8%), 어선인 경우는 여러 나라 사람들이 혼승하는 선박이 더 많았다(전체의 53.4%). 80년대 들어 해마다 국적선은 500~600척 이내의 증감이 있었던 데 반하여 외국적선은 1000~2000척으로 매년 크게 증가하였다. 1984년 12월 기준, 외국적 상선의 해기사들은 25~40세 미만에 승무경력이 10년 미만인 선원들이 대부분을 차지하였고, 외국적 어선의 경우에도 마찬가지였다.

---

49) 손태현, 임종길 엮음, 위의 책, 297면.

50) 한국선원인력관리소, 『한국선원선박통계연보 1985』, 1986.

그러나 1990년대 들어 국적선은 물론 해외취업선의 선원 수은 매년 감소하였다. <표 4>에 나타나듯이, 1970년대부터 꾸준히 증가하던 외화소득은 1988년부터 1991년까지 4년을 정점으로 한 후 계속 감소하였다. 또 1990년대에는 국내 선원 인력 구성에도 변화가 시작되었다. 60년대 한국 선원의 외국의 선박에 혼승하였던 것과 달리, 90년대에는 국내 원양어선에 많은 외국인 선원들(중국과 인도네시아, 베트남, 미얀마, 필리핀 등)이 진출해 혼승이 이뤄지기 시작한 것이다.

그리고 2010년대에 들어서 기존과 다른 변화들이 나타나기 시작했다. 외화소득은 2010년 이후 해마다 증가하고 있는 가운데 내항선, 외항선보다 해외취업상선이 높았으나, 2014년과 2015년에는 해외취업 어선의 외화소득이 더 높았다. 그리고 선원들의 연령은 점점 고령화 되고 있다.[51]

최근 들어서 한국선원 사회는 또 다시 변화하고 있다. 2016년 12월 말 기준 한국의 선원은 총 94,334명(내국인 79,341명, 외국인 14,993명)이며, 해외취업선(3,198명)보다 국적선(32,487명)에 많은 선원들이 취업하고 있다. 해외취업선에서는 여전히 상선에 승선하는 경우가 많지만, 국적선에 있어서는 상선과 비슷한 선원들이 어선에 승선하고 있다. 그럼에도 여전히 일반 부원들보다 해기사가 더 많다는 것은 변화하지 않은 특징 중 하나이다.[52]

---

51) 한국선원복지고용센터, <한국선원통계연보 2015>, 온라인자료 (http://www.koswec.or.kr.).

52) 한국선원복지고용센터, <2017년도 한국선원통계>, 온라인자료 (http://www.koswec.or.kr.). 선원 수는 선원수첩을 기준으로 집계한 수치이다.

<표 4>연도별 선원해외취업 및 외화가득현황

구분 연도	선박척수	취업선원			외화가득액 (미화: $)
		계	해기사	부원	
1978 년도	837	17,321	4,946	12,375	115,884,339
1979 〃	873	18,786	5,810	12,976	137,350,432
1980 〃	998	20,885	6,622	14,263	166,705,032
1981 〃	1,241	24,937	8,300	16,637	254,831,991
1982 〃	1,525	29,719	9,796	19,923	298,469,549
1983 〃	1,668	31,015	10,203	20,812	335,760,158
1984 〃	1,840	33,933	11,650	22,283	372,718,778
1985 〃	2,097	41,105	14,656	26,449	406,264,219
1986 〃	2,312	44,639	15,489	29,150	431,110,869
1987 〃	2,534	47,747	17,494	30,253	468,906,464
1988 〃	2,517	45,633	16,357	29,276	515,788,036
1989 〃	2,329	41,221	14,814	26,407	530,317,351
1990 〃	2,229	36,443	13,380	23,063	535,445,559
1991 〃	2,057	28,596	11,379	17,217	535,854,684
1992 〃	1,744	22,591	9,801	12,790	490,498,271
1993 〃	1,675	18,739	8,551	10,188	466,058,203
1994 〃	1,639	15,451	7,430	8,021	428,933,622
1995 〃	1,311	12,133	6,248	5,885	398,851,944
1996 〃	1,224	9,504	5,162	4,342	371,955,707
1997 〃	1,308	8,006	4,684	3,322	354,312,132
1998 〃	1,378	7,691	4,825	2,866	319,436,298
1999 〃	1,406	7,187	4,714	2,473	319,278,181

자료: 해양수산부 · 한국해양수산연수원, 『한국선원통계연보 2000』, 2000.

이와 같이, 해방 이후 지금까지 한국 선원은 해기사가 주류를 이루며, 상선 중심의 승선에서 최근 어선으로, 그리고 해외취업선보다 국적선에 승선하는 변화가 나타나고 있다. 이 같은 변화가 한국 선원사회의 성장과 안전, 해운업의 성장을 시사하는지 채 분석도 이뤄지기 전, 1970년대부터 성장해온 국내 해운대기업이 세계적 불황 속에서 용선료를 지불하지 못하고 적자를 누적하다 2017년 2월 파산

하였다. 오랜 기간 축적, 성장시켜 온 한국의 해운산업과 선원사회는 다시금 위기에 직면했으며 향후 어떠한 변화가 전개될지 귀추가 주목되고 있다.

5. 결론

지금까지 살펴본 바와 같이, 한국 선원 연구는 사회과학 분야를 중심으로 진전되어 왔으나 바다와 인간의 관계를 탐색하는 해양인문학적 견지에서의 접근은 미흡하였다. 이 분야의 활성화를 기대하며, 이글에서는 한국 선원의 역사를 개괄적으로 살펴보았고 그로부터 특징을 도출해보고자 하였다.

한반도는 고대부터 바다를 통해 교역하고 문화적 영향을 주고받고 있었으며 해양에 대한 지식과 기술이 축적되어 왔다는 것을 유추할 수 있었다. 그러나 몽고의 일본정벌과 조선의 해금정책 등으로 해양활동은 축소되었고, 이어진 일본의 식민지 통치는 근대적 해운산업 및 선원집단의 성장 기회를 총체적으로 차단하는 결과를 낳았다. 해방 후 한국 해운업은 일제의 적산 선박과 미국의 원조 선박에서 시작되었고, 정부의 지원 속에 점차 성장했으며, 1960년대의 수출산업 육성은 해운업의 성장을 가져왔다. 양질의 선원들은 어선과 상선에 승선해 외화소득에 크게 기여했으며 1988년부터 1991년에 정점을 이루었다. 90년대 선원사회는 고령화의 길을 걷기 시작하였으며 외국인 선원들이 진출로 인력 구성에 있어서도 변화가 나타났고, 2017년 해운기업의 파산 등 글로벌 경제의 한 국면에 마주하고 있다.

한국 선원들은 끊임없는 성장과 쇠락의 길을 반복하였고, 그 요인은 정벌, 식민화, 글로벌 경제에의 미흡한 대응 등과 같은 외부적 영향이 주효하였다 . 즉 시대 변동에 따라 선원의 성격과 위상이 부침을 거듭했던 특징을 가지고 있다. 고대에는 항해 기술자였다면 중세 봉건제 하에서 징발 대상(특히 몽고에 징발)이 되는 신량역천의 위치에 있었으며, 일제 강점기에는 일본의 부족한 해운인력을 보충하기 위해 양성되고, 전쟁에 동원, 징용되었다. 한국전쟁 이후의 냉전체제 하에서 바다로 나가 국가 산업경제의 단초가 놓았고, 선망의 직업군으로 자리하기도 했다.

해운업의 성장이 곧 선원 집단의 성장을 의미하지 않으며, 선원 집단의 안정적 성장 없이 지속적 해운업의 성장도 없을 것이다. 역사 속에서 선원은 바다의 항해자이자 전문 기술과 지식을 가진 존재였음에도 그 전문적 지식과 기술은 전승되지 못하였고, 그들의 사회적 위상에 있어서도 전문성은 반영되지 못하였다. 필자는 이것이 한국 역사 속에서 '선원'을 발견할 수 없었던 이유가 아닌가 한다.

참고문헌

기본자료

『고려사』

每日申報

(재)한국해사문제연구소, 『우리 선원의 역사: 상선선원을 중심으로』, 해양수산부 · 한국해기사협회 · 한국도선사협회 · 한국해사재단, 2004.

____________________, 『선원열전』, 해양수산부 · 한국해기사협회 · 한국도선사협회 · 한국해사재단, 2004.

연구논문

김정만 · 이동화, 「선원의 이직의사 결정요인」, 『한국항해항만학회지』 제35-3호, 한국항해항만학회, 2011.

구창희, 「선원법상 선원근로자 보호의 문제점과 개선방안」, 『노동연구』 제23호, 고려대학교 노동문제연구소, 2012.

권창영, 「선원근로계약에 관한 연구」, 『노동법연구』 제11호, 서울대학교 노동법연구회, 2001.

김성국 · 정재용, 「해양력 강화를 위한 우리나라 선원양성에 관한 연구」, 『해양환경안전학회지』 제23-1호, 해양환경안적학회, 2017.

김성준, 18세기 영국 상선 선원의 기승 구조와 근로 요건, 『한국항해항만학회지』 제26-1호, 한국항해항만학회, 2002.

______, 「<표해록』에 나타난 조선 시대 선원 조직과 항해술」, 『한국항해항만학회지』 제30-10호, 2006.

김영운, 「한 · 일 외국인선원 고용제도 비교연구」, 『수산해양교육연구』 제24-4호, 한국수산해양교육학회, 2012.

류시전, <선원재해보상제도의 개선방안에 관한 연구>, 고려대학교 석사학위논문, 2013.

문성배 · 정은석 · 하행동 · 전승환 · 김재호, 「선원의 직업성 스트레스 및 건강도에 관한 연구」, 한국항해항만학회 2006년도 춘계학술대회 및 창립 30주년 심포지움논문집, 한국항해항만학회, 2006.

배석제 · 서만석, 「선원 교육의 국제적 동향과 우리의 대책: 어선원을 중심으로」, 『수산해양교육연구』제11-2호, 1999.
신상철, 「외국인(중국, 베트남, 인도네시아) 선원노동자 근로환경과 범죄에 대한 연구」, 『아시아연구』제17-1호, 한국아시아학회, 2014.
신해미・노창균・이창영, 「선박조직문화가 선원의 직무만족과 이직의도에 미치는 영향」, 『한국항만경제학회지』 제33-3호, 한국항만경제학회, 2017.
안영중・이창희・김종관, 「4차 산업혁명에 적합한 선원재교육의 체계 개선에 대한 연구」, 『한국수산해양교육연구』 제29-4호, 한국수산해양교육학회, 2017.
유명윤, 「선원법의 문제점과 개선방향에 관한 연구」, 『노동법학』 제14호, 한국노동법학회, 2002, 1～20.
이윤길, <선상 문화접변 연구: 원양봉수망 제305창진호에 승선한 선원들을 대상으로>, 한국해양대학교 대학원 석사학위논문, 2013.
이종석・신용존, 「외국인 선원 혼승선박내 선원간 문화동질성과 승선근무 내성의 차이가 조직커미트먼트에 미치는 영향에 관한 연구」, 『한국항해항만학회지』제31-10호, 한국항해항만학회, 2007.
전영우, <선원의 역할과 가치: 국적선원의 양성 필요성>, 한국해양수산연수원 보고서, 2014.
정상윤, <원양어업의 안정적인 선원수급을 위한 근로조건 개선 연구>, 부경대학교 석사학위 논문, 2016.
정상윤・장종원, 「원양어업의 안정적인 선원수급을 위한 근조조건 개선 연구」, 『수산해양교육연구』 제28-6호, 한국수산해양교육학회, 2016.
조상균, 「선원 이주노동자의 법적 지위와 과제」, 『법학논총』 제33-1호, 전남대학교 법학연구소, 2013.
차철표・박종운, 「연근해어선에 승무하는 외국인 어선원의 관리방안」, 『수산해양교육연구』 제23-3호, 한국수산해양교육학회, 2011.
최성두, 「선원의 "삶의 질" 제고를 위한 사회복지행정 개선방안: 선원 사회보험제도를 중심으로」, 『한국행정논집』 제18-4호, 한국정부학회, 2006.
최진철, 「선상(선상) 문화교섭 연구의 필요성과 방향」, 『해항도시문화교섭학』 제11호, 한국해양대학교 국제해양문제연구소, 2014.
허기영, <외국인선원 혼승형태와 이문화 적응에 따른 선원의 직무태도에 관한 연구>, 한국해양대학교 석사학위논문, 2014.

황진회, 「우리나라 선원수급 현황과 정책과제」, 『월간 해양수산』 제 278호, 한국해양수산개발원, 2007.

단행본

공길영, 『선박항해사전』, 다솜출판사, 2015.
손태현, 임종길 엮음, 『한국해운사』, 위드스토리, 2011.
신강우, 『신강우 선장의 유쾌한 항해기』, 자유지성사, 2005.
이종훈, 『바다아리랑』, 한솜, 2009.
정진술・이민웅・신성재・최영호, 『다시 보는 한국해양사』, 해군사관학교, 2007.

번역서 및 외국논저

마커스 레디커, 박연 옮김, 『악마와 검푸른 바다 사이에서: 상선 선원, 해적, 영미의 해양세계 1700-1750』, 까치, 2001.
東健一郎, 『船員への道』, (株)成山堂書店, 昭和49年(1974년).

기타자료

동아일보사, 『사진으로 보는 한국백년』, 1996.
한국선원복지고용센터 자료실, 『한국선원선박통계연보 1985』, 한국선원인력관리소, 1986.
________, <한국선원통계연보 2015>, 해양수산부 한국선원복지고용센터, 2016.
________, <2017년도 한국선원통계>, 해양수산부 한국선원복지고용센터, 2017.
해양수산부 · 한국해양수산연수원, 『한국선원통계연보 2000』, 2000.

왕한석

지난 30여 년간 서울대학교 사회과학대학 인류학과 교수로 재직하였으며(1985~2015), 현재는 명예교수이다. 주요 연구 업적으로는 『한국의 언어 민속지: 충청남북도 편』(2016), 『한국의 언어 민속지: 경상남북도 편』(2012), 『한국의 언어 민속지: 전라남북도 편』(2010), 『한국의 언어 민속지 1: 서편』(2009), 『또 다른 한국어: 국제결혼 이주여성의 언어 적응에 관한 인류학적 연구』(2007) 등이 있다. 서울대학교 학술연구상(2013)을 수상하였다.

조숙정

서울대학교 비교문화연구소 연구교수로 재직 중이며, 주 연구분야는 언어인류학, 인지인류학, 민족생물학 등이다. 주요 논문으로는 "바람에 관한 서해 어민의 민속지식"(2015), "곰소만 어촌의 어로활동에 관한 민족지적 연구: 1970년대 이후 어업의 변화를 중심으로"(2017), "Tide and Time: Korean Fishermen's Traditional Knowledge on Multtae in Gomso Bay"(2018), "조선시대 어보의 민족생물학적 재해석: 정약전의 『玆山魚譜』를 중심으로"(2018) 등이 있다.

오창현

국립민속박물관 학예연구사. 민속학, 역사인류학, 특히, 문화에 대한 역사적 접근에 관심을 가지고 연구하고 있다. 주요 저서로는 〈(화성시사) 어업과 염업의 변화〉(2018), 〈한일해양민속지: 한일 문화가 교차하는 공간, 바다〉(2018), 〈경성제국대학 부속도서관 장서의 성격과 활용〉(2018), 〈(20세기 전반 미역과 명태 어업을 통해 본) 동해의 전통어업기술과 어민〉(2012) 등이 있다.

안미정

한국해양대학교 국제해양문제연구소 부교수로 재직 중이며 문화인류학을 전공하였다.
해양문화에 관심이 있어 바다와 인간, 사회의 관계를 탐색하고 있는 중이다.
저서로 [제주 잠수의 바다밭](2008), 번역서 [경계를 넘다: 술루해역세계의 사람들](2013, 2014년 대한민국우수학술도서 선정) 등이 있다.
이외에 경계를 넘어선 이주자들(재일한인, 부산화교 등)에 관한 여러 문들을 발표해 왔다.
최근 한국 선원에 대한 연구를 시작하였다.

최은순

한국해양대학교 해사대학 해사글로벌학부 교수로 재직 중이며 프랑스언어학을 전공하였다. 지난 10년동안 해항도시나 해역에서 일어나는 언어혼종 현상(크레올어, 피진어, 언어스위칭 등)을 연구해왔다.
최근에는 바다를 삶의 터전으로 하는 직업군들에 관한 연구에 관심을 갖고 있다. 특히 인문학적 관점에서 해기사의 삶과 직업, 교육에 관한 연구를 수행중이며, 생애사적 접근과 텍스트분석 방법을 활용하고 있다.
공동역서로 [발트해와 북해](2017)가 있으며, 최근에는 해기사와 선박 관련한 다수의 발표문과 논문들이 있다.

문화공간으로서의 해양

초판인쇄 2019년 2월 25일
초판발행 2019년 2월 25일

지은이 왕한석 · 조숙정 · 오창현 · 안미정 · 최은순
펴낸이 채종준
펴낸곳 한국학술정보㈜
주소 경기도 파주시 회동길 230(문발동)
전화 031) 908-3181(대표)
팩스 031) 908-3189
홈페이지 http://ebook.kstudy.com
전자우편 출판사업부 publish@kstudy.com
등록 제일산-115호(2000. 6. 19)

ISBN 978-89-268-8810-0 93330